Hans Gerd Rötzer

Ganz einfach Deutsch

Grammatik

C. C. Buchners Verlag

Ganz einfach Deutsch

Grammatik

von Hans Gerd Rötzer

Für Lina, Isabel, Helene, Tim,
Levi und Konstantin

1. Auflage 1 [4321] 2010 09 08 07
Die letzte Zahl bedeutet das Jahr des Druckes.
Alle Drucke dieser Auflage sind, weil untereinander verändert, nebeneinander benutzbar.

www.ccbuchner.de

Gesamtgestaltung: tiff.any GmbH, Berlin
Gesamtherstellung: creo Druck & Medienservice, Bamberg

ISBN 978 3 7661 **4170** 5

Vorwort

In dieser Grundgrammatik werden 1. die **Lautlehre**, 2. die **Wortlehre** und 3. die **Satzlehre** in ihren wichtigsten Einzelheiten dargestellt. Die Beschreibung geht vom Laut zum Satz.

Ziel ist es, dass Schülerinnen und Schüler aus der Kenntnis der Wort- und Satzstrukturen einen Text besser verstehen und beurteilen können. Danach sind auch die Schwerpunkte in den einzelnen Grammatikbereichen ausgewählt.

Es geht nicht um Vollständigkeit, die jede Ausnahme erwähnt, sondern um ein grammatikalisches Gesamtkonzept, übersichtlich und anschaulich erläutert.

Vor allem werden auch alternative Möglichkeiten im sprachlichen Ausdruck wie Satzglied und Gliedsatz, Adverb und Adverbialsatz oder Attribut und Attributsatz in ihren unterschiedlichen Funktionen gegenübergestellt.

In kleinen Schritten folgen jeder Beschreibung und Erklärung anschauliche Beispiele zum besseren Verständnis des jeweiligen Sachverhalts.

Über das alphabetische Register am Schluss lassen sich einzelne Suchbegriffe sehr leicht finden.

Der Band ist durchlaufend nach Paragrafen geordnet. Im Anhang steht eine Vergleichstabelle der Grammatikbegriffe.

Hans Gerd Rötzer

1 Lautlehre

Laut

1

Der Laut ist die kleinste Einheit der gesprochenen Sprache. Man unterscheidet **Vokale** (Selbstlaute) und **Konsonanten** (Mitlaute).	Vokal: Rabe, rund, geben Konsonant: Rebe, rot, schlafen
Vokale heißen im Deutschen auch Selbstlaute, weil sie für sich allein stehen können oder den Kern einer Silbe bilden.	Vokale sind: a – e – i – (y) – o – u in Silben: Schulhof, amtlich, rodeln
Vokale können betont oder weniger betont (bzw. unbetont) gesprochen werden; unbetont werden sie meistens am Wortende gesprochen.	betont: Regen, mutig, tanzen unbetont: Esel, schmutzig, rennen, versprechen
Vokale können kurz oder lang gesprochen werden.	kurz: Bett, immer, stolpern lang: Rede, oben, haben
Diese Unterscheidung ist auch für die Bedeutung eines Wortes wichtig.	Ich bin im Bett. *aber* Ich grabe das Beet um.
Zu den Vokalen zählen auch **Umlaute** und **Diphthonge** (Zwielaute).	Umlaute: ä – ö – ü – äu Diphthonge: au – ei (ai) – äu (eu)
Umlaute sind aus den Vokalen - a – o – u - und dem Diphthong – au – entstanden. Meist versteckt sich hinter der „Aufhellung" ein „i", das zum Teil heute nicht mehr gesprochen wird, aber den Umlaut verursacht hat.	Rad Räder Gefahr gefährden Hof Höfe rot erröten Zug Züge gut gütig Haus Häuser Glaube gläubig
Diphthonge sind Laute, die mit zwei verschiedenen Vokalen wiedergegeben werden. Beide Vokale werden als ein einziger Laut gesprochen.	Mauer, Gemäuer, geräumig, Reife, Kaiser, Waise, weise, weiß, Feuer, heute

! Zu unterscheiden sind davon Doppelungen, durch die z. B. ein Langvokal markiert wird: Saat, Meer, Moos

Konsonanten heißen im Deutschen auch Mitlaute, weil sie allein keine Silbe bilden können; sie stehen immer in Verbindung mit einem Vokal.	Konsonanten sind: b – c – d – f – g – h – k (ck) – l – m – n – p –qu – r – s (ß) – t – v – w – x (ks) – z
Weitere Mitlaute werden in Buchstabenkombinationen wiedergegeben.	ng: Zange, eng, ringen sch: Wäsche, schön, schreiben ch: Wache, echt, ich

! Der Buchstabe „j" gibt einen Zwischenlaut wieder, der nur in Verbindung mit einem Vokal gesprochen werden kann. Man nennt ihn einen Halbvokal.

Buchstabe

2

Buchstaben sind die schriftliche Wiedergabe von Lauten. Nicht jedem Laut entspricht ein Buchstabe. Es gibt weniger Buchstaben als Laute.

Einige Laute werden mit mehreren Buchstaben umschrieben.	Fi**sch**, mi**sch**en Gesa**ng**, e**ng**, bri**ng**en Na**ch**t, do**ch**, rä**ch**en
Ein und derselbe Laut kann schriftlich verschieden wiedergegeben werden: langer Vokal	G**a**bel, S**aa**l, S**ah**ne (Dehnungs-h) s**e**lig, M**ee**r, f**eh**len L**i**d, L**ie**d, er bef**ieh**lt B**o**te, M**oo**s, R**oh**r **U**fer, **Uh**r
Konsonant	**F**aden, **v**iele, **Ph**ilosophie Ma**x**, Wa**chs**, fa**x**en Wei**z**en, si**tz**en, Ski**zz**e
Ein Buchstabe oder eine Buchstabengruppe kann für verschiedene Laute stehen.	Sa**ch**e, **Ch**or, **Ch**arme **C**amping, **C**aesar, **C**ello
Als Faustregel gilt: Nach kurzem Vokal wird ein Konsonant meistens doppelt geschrieben.	Re**nn**stall, **inn**erhalb, zusa**mm**en, re**tt**en, mü**ss**en, ho**ff**en

»

Die Verdoppelung der Konsonanten unterbleibt aber, wenn dem kurzen Vokal mehrere verschiedene Konsonanten folgen.	E**lt**ern, i**mpf**en, hi**lf**reich

!

Manche Wörter werden gleich gesprochen, aber je nach ihrer Bedeutung unterschiedlich geschrieben: *lehren – leeren, malen – mahlen, das Lid – das Lied, die Mine – die Miene. Es fiel viel Schnee. Seit wann seid ihr hier?*
Bei manchen Wörtern hat sich der auslautende Konsonant „verhärtet“, er wird aber trotzdem „weich“ geschrieben; man nennt diese lautgeschichtliche Veränderung Auslautverhärtung: *lieb(p) – Liebe, König (k) - Königin, Kind (t) - Kinder*

Silbe

3

Silben sind die kleinsten Lautgruppen oder Lautverbindungen, aus denen sich ein Wort aufbaut. Der Grundbestandteil ist immer ein Vokal (Selbstlaut) als „Tonträger“. Ein Wort kann aus einer oder mehreren Silben bestehen.

Jedes Wort hat eine **Stammsilbe**.	**Stand:** Vorstand, standhaft, rückständig
Durch Anfügen weiterer Silben an die Stammsilbe entstehen neue Wörter mit neuen Bedeutungen. Sie gehören aber alle zu einer gemeinsamen Wortfamilie.	**Fahrt**: **Vo**rfahrt, **Aus**fahrt **Sicht**: sicht**bar**, sicht**lich** **Kauf**: **Ver**kauf, käuf**lich**
Man unterscheidet zwischen **Vorsilben** (Präfixen) und **Nachsilben** (Suffixen).	Vorsilben: **Rück**fahrt, **Durch**gang Nachsilben: frucht**bar**, räum**lich**
Nach Gestalt und Betonung werden unterschieden:	
die offene Silbe	Am Silbenende steht ein Vokal: **Zu**lauf, einer**lei**
die geschlossene Silbe	Die Silbe schließt mit einem Konsonanten: **Rück**fahrt, **ver**nünftig, fröh**lich**
die betonte Silbe	Die Silbe trägt den Hauptton: **vor**singen, ver**geb**lich, Ver**rat**
die unbetonte Silbe	Die Silbe bleibt unbetont: Auf**bau**, **Be**stand, **verfüg****bar**

In der deutschen Rechtschreibung wird zwischen **Sprachsilben** und **Sprechsilben** unterschieden.	
Sprachsilben sind die Bestandteile, aus denen ein Wort zusammengesetzt ist.	Aus-druck, Hoch-mut, ver-ständ-lich, durch-schau-bar
Sprechsilben sind die lautliche Untergliederung eines mehrsilbigen Wortes.	eng-lisch, lus-tig, ver-pflich-ten

Akzent

4

In einem Wort werden nicht alle Silben gleich betont. Die Betonung der einzelnen Wörter in einem Satz hängt davon ab, ob ich etwas aussage, eine Frage stelle, einen Wunsch äußere oder ein bestimmtes Wort hervorheben möchte.

Wortakzent Meistens wird die Stammsilbe betont.	Erfáhrung, betónen, verbíndlich
Eine Ausnahme bilden die trennbaren Verben oder Wörter, die auf sie zurückgehen.	ánstreichen, Ánstrich, áussagen, Áussage
Satzakzent Der Satzakzent kann im Satz wechseln. Er richtet sich danach, welche Stelle besonders hervorgehoben werden soll.	Só habe ich das nicht gemeint. Das soll ích sein? Das hat er auf kéinen Fall gesagt. Wánn soll das gewesen sein? Bleib híer!

2 Wortlehre

2.1 Wortbildung

5 Wortstamm

Der Wortstamm ist mit einem Baumstamm zu vergleichen, aus dem in vielen Verästelungen die Baumkrone herauswächst. Die Verästelungen sind in der Sprache die Wörter einer Wortfamilie.	
Den Wortstamm oder das Stammwort gewinnt man, wenn man von einem Wort die Vorsilben, Nachsilben oder Flexionsendungen abtrennt.	Vor**sorg**e, vor**sorg**lich, be**sorg**en be**fahr**bar, Heim**fahr**t, **fahr**en
Verschiedene Ableitungen von einem Wortstamm haben einen Umlaut.	alt, älter / Bau, Gebäude / Busch, Gebüsch / rot, erröten

6 Ablaut

Der Ablaut ist der gesetzmäßige Wechsel des Stammvokals in den Stammformen (vgl. 49) der starken Verben.	werfen, warf, geworfen, (Wurf)
Es gibt mehrere Ablautreihen.	schwimmen, schwamm, geschwommen graben, grub, gegraben reiten, ritt, geritten (usw.)
Der Ablaut findet sich auch in anderen Wortarten.	Adjektiv: reißen, rissig Nomen: binden, Bund, Band

7 Umlaut

Der Umlaut ist eine Veränderung eines betonten Vokals unter dem Einfluss eines nachfolgenden „i" oder „j".	Stadt – städtisch Hof – höflich gut – gütig Haufen – häufig
Das „i" oder „j" kann im Laufe der Sprachgeschichte auch verschwunden sein.	ich rate – er rät ich laufe – du läufst
Am häufigsten tritt der Umlaut als Pluralzeichen auf.	Stadt – Städte, Hof – Höfe, Zug – Züge, Haus – Häuser

8 Ableitungen (abgeleitete Wörter)

Ableitungen sind Bildungen von Wörtern aus einem Wortstamm (Stammwort) mit Hilfe von Vorsilben (Präfixen) und Nachsilben (Suffixen) bzw. Flexionsendungen, teilweise auch durch Ablaut und Umlaut. Dabei können die Wörter von einer Wortart in eine andere wechseln.

Ableitungen:		
Verben	aus Verben	zeigen, anzeigen
	aus Nomina	Ruder, rudern
	aus Adjektiven	finster, verfinstern
Nomina	aus Nomina	Busch, Gebüsch
	aus Adjektiven	hell, Helligkeit
	aus Verben	schreiten, Schritt
Adjektive	aus Adjektiven	krank, kränklich
	aus Nomina	Grund , gründlich
	aus Verben	sagen, unsäglich
Wechsel in eine andere Wortart: Die häufigste Form ist die Substantivierung.		sagen – Er hatte immer das Sagen blau – Ich bevorzuge ein tiefes Blau. hundert – Es sahen Hunderte zu. gestern – Wir leben nicht mehr im Gestern. hin, her – Ich habe das Hin und Her satt.

9 Zusammensetzungen (zusammengesetzte Wörter)

Zusammensetzungen sind Wörter, die aus zwei oder mehreren selbständig vorkommenden Wörtern entstanden sind.	Spülmaschine: eine Maschine, die spült grasgrün: grün wie Gras richtigstellen: etwas berichtigen
Bei Zusammensetzungen spricht man von **Grundwort** und **Bestimmungswort**. Das Grundwort bestimmt das Genus der Zusammensetzung, das Bestimmungswort „präzisiert" die Mitteilung des Grundwortes.	Bestimmungswort — Grundwort der Markt — **die** Halle **die** Markthalle (eine Halle, in der täglich Markt ist)
Die Unterscheidung zwischen Bestimmungswort und Grundwort ist auch für die Wortbedeutung wichtig	die Sandwüste — der Wüstensand der Luftdruck — die Druckluft der Spielball — das Ballspiel

2.2 Wortbedeutung

10 Sprachliche Zeichen

Die Sprache ist nur eines von vielen Zeichensystemen. Ein Zeichen besteht aus einem Signal und der Bedeutung, die mit dem Signal verbunden wird.

Signal + Bedeutung = **Zeichen**

Auf die Sprache übertragen bedeutet dies: Signal = Gestalt, Wortgestalt, Satzgestalt; Bedeutung = Inhalt eines Wortes oder eines Satzes; Zeichen = Wort, Satz, Text.

Gestalt + Inhalt = **Sprache**

11 Wortfamilie

Wörter, die auf einen gemeinsamen Ursprung (Wortstamm) zurückgehen, bilden eine Wortfamilie. Die Wörter können verschiedenen Wortarten angehören. Dabei kann sich auch die ursprüngliche Bedeutung des Wortstamms verändern.

(**fahr**-) fahren, fuhr, gefahren; fahren, ausfahren, verfahren, führen, durchführen, gefährden; Fahrzeug, Fahrschein, Fahrt, Einfahrt, Gefährt, Gefährte, Fähre, Fuhrwerk, Ausfuhr; fahrtüchtig, fahrlässig, ausführlich, verführerisch, gefährlich.

12 Wortfeld – Sachfeld

Wörter und Wendungen unterschiedlicher Herkunft, die in ihrer Bedeutung verwandt oder vergleichbar sind, bilden ein Wort- oder Sachfeld; sie beziehen sich auf einen gemeinsamen Sachverhalt:
Temperatur: eiskalt, frostig, um den Gefrierpunkt, kühl, der Jahreszeit entsprechend, lau, milde, angenehm, erträglich, ungemütlich, unerträglich, tropisch, wie in einem Gewächshaus

Ein Wort kann verschiedene Bedeutungen haben und das Wortfeld wechseln. Seine genaue Bedeutung ergibt sich aus dem Sinnzusammenhang (Kontext).
Bremse: Hast du die Bremse angezogen? – Auf deinem Arm sitzt eine Bremse.
Hahn: Der Hahn kräht. Der Hahn tropft.

! Wörter, die in Laut und Schrift übereinstimmen, aber verschiedene Bedeutungen haben, nennt man **Homonyme** (gleichnamig) : die Mutter (Frau/Schraube); das Schloss (Haus/Verriegelung).
Wörter, die bedeutungsgleich oder sinnverwandt sind, aber aus verschiedenen Wortfamilien stammen, nennt man **Synonyme** (gleichlautend): Lehrling, Stift, Azubi; Haupt, Schädel, Kopf, Birne.
Wörter, die sich inhaltlich gegenseitig ausschließen, d. h. Gegensätze sind, nennt man **Antonyme:** Tag, Nacht; lebendig, tot; schlafen, wachen; oben, unten.

13 Oberbegriff – Unterbegriffe

Der Oberbegriff nennt das gemeinsame Merkmal einer Gruppe von Wörtern. Der Inhalt des Oberbegriffs ist umfassender als der Inhalt der Wörter, die unter ihm zusammengefasst werden.

Oberbegriff: Erdteile

Unterbegriffe: Afrika Europa Asien Amerika Australien

Spanien Frankreich Russland

14 Erbwort

Wörter, die schon sehr früh im Sprachgebrauch nachzuweisen sind, nennt man Erbwörter. Sie stammen hauptsächlich aus dem Alltag und geben Auskunft über Lebens- und Arbeitsformen in germanischer Zeit.
Eine kleine Auswahl: Achse, Ähre, Angel, Balken, Beil, Dach, Deichsel, Egge, Faden, Gerste, Leder, Wachs, Wolle, mahlen, säen, weben usw.

15 Lehnwort

Lehnwörter sind zwar aus fremden Sprachen „entlehnt" worden, aber man merkt ihnen ihre Herkunft nicht mehr an; sie sind im Lauf der Jahrhunderte der deutschen Sprache angepasst worden. Sie geben aber noch heute Auskunft darüber, welche Kenntnisse von anderen Völkern übernommen wurden.

Aus dem Lateinischen:	Straße, Ziegel, Fenster, Keller, Mauer, Kohl, Rettich, Wein usw.
Aus dem Italienischen:	Bank, Konto, Kredit, Kapital, Summe usw.
Aus dem Orient:	Damast, Samt, Muskat, Safran, Zimt usw.
Aus dem Französischen:	Frisör, Puder, Manschette, *aber auch* Soldat, Kompanie, Regiment, General, Artillerie usw.

Diese Entwicklung ist nicht abgeschlossen, besonders angesichts der neuen Medien. Dabei sind aber die Übergänge vom Fremdwort zum eingedeutschten Lehnwort fließend:
Eine Nachricht faxen oder mailen – Einen Song downloaden. Im Internet surfen.

Vielfach werden Begriffe und Bezeichnungen nicht einfach übernommen, sondern sinngemäß übersetzt.
Diese Übertragungen heißen **Lehnübersetzungen**: (manu scriptum) Handschrift, (bel esprit) Schöngeist, (sky-scraper) Wolkenkratzer.

16 Fremdwort

Wörter, die unverändert aus anderen Sprachen übernommen wurden, heißen Fremdwörter. Im Unterschied zum Lehnwort werden beim Fremdwort meistens auch die Aussprache und die Schreibweise der Herkunftssprache beibehalten: Toilette, Chanson, Jeans, Teenager.

Es gibt allerdings Übergänge zur „Eindeutschung", nämlich dann, wenn ein Fremdwort so selbstverständlich benutzt wird, dass man es gar nicht mehr als Fremdwort ansieht:
(Telephon) Telefon, (Sauce) Soße, (Bureau) Büro, (Recorder) Rekorder, (strike) Streik.

Zu den Fremdwörtern gehören auch international gebrauchte Fachbegriffe oder Neubildungen (Neologismen); sie gehen sehr oft auf griechische, lateinische und englische Grundwörter zurück:
Astrophysik, Atomreaktor, Kosmonaut, Intercity, Eurovision.

2.3 Wortarten

17 Untergliederung der Wortarten

Der Wortschatz der deutschen Sprache lässt sich in zwei Großgruppen einteilen, in **flektierte** oder flektierbare (beugbare) und in **unflektierte** oder **nicht flektierbare** (nicht veränderbare) Wörter.

Die **Flexion** (Beugung der Wörter) untergliedert sich in **Deklination** und **Konjugation**:
Nomina (Hauptwörter), **Artikel** (Geschlechtswörter), **Pronomina** (Fürwörter), **Numeralia** (Zahlwörter) und **Adjektive** (Eigenschaftswörter) werden dekliniert.

Verben werden konjugiert.

Adverbien (Umstandswörter), **Präpositionen** (Verhältniswörter, Fügewörter) und **Konjunktionen** (Bindewörter) verändern sich nicht.

Die **Deklination** ist nach drei Merkmalen bestimmt:	
Genus (Geschlecht)	
maskulin (männlich)	der Sendeturm
feminin (weiblich)	die Schauspielerin
neutral (sächlich)	das Fernsehen
Numerus (Zahl)	
Singular (Einzahl)	das Flugzeug
Plural (Mehrzahl)	die Fluggäste

Kasus (Fall)		
Nominativ (1. Fall, Wer-Fall) Wer? Was?	der Staat, die Stadt, das Dorf	
Genitiv (2. Fall, Wes-Fall) Wessen?	des Bürgers, der Gruppe, des Gemeinwohls	
Dativ (3. Fall., Wem-Fall) Wem?	dem Wähler, der Kirche, dem Klima	
Akkusativ (4. Fall, Wen-Fall) Wen? Was?	den Fernseher, die Schule, das Video	
Die **Konjugation** ist nach fünf Merkmalen bestimmt:		
Person		
1. Person	ich spiele	wir spielen
2. Person	du fragst	ihr fragt
3. Person	er/sie/es verreist	sie verreisen
Numerus (Zahl)		
Singular	sie sieht	
Plural	sie sehen	
Tempus (Zeit)		
Präsens	du liest	
Präteritum (Imperfekt)	wir lasen	
Perfekt	sie haben gelesen, sie sind gelaufen	
Plusquamperfekt	ich hatte gelesen, ich war gelaufen	
Futur I	er wird lesen	
Futur II	ihr werdet gelesen haben / gelaufen sein	
Modus (Aussageweise)		
Indikativ (Wirklichkeit)	ich weiß es	
Konjunktiv (Möglichkeit, Unwirklichkeit)	Er sagte, er komme / er wäre gekommen.	
Imperativ (Wunsch, Befehl)	Bleib hier! Lasst mich in Ruhe!	
Genus des Verbs (Handlungsart)		
Aktiv	Ich recherchiere im Internet.	
Passiv	Die Rechnung wurde schließlich bezahlt.	
Zu den nicht flektierbaren Wortarten kann man auch die **Partikeln** zählen. Sie sind Wörter, die eine Aussage „abtönen“ oder „einstufen“; sie sind aber keine eigene Wortart:		
Modalpartikeln (Abtönungswörter)	Das ist mir **denn doch** zu viel.	
Gradpartikeln (Steigerungswörter)	Das stand **sogar** in der Zeitung.	
Ähnlich verhält es sich mit der **Interjektion** (Zwischenruf); sie kann aus verschiedenen Bestandteilen des Wortschatzes bestehen.	Juchhe! – Hoppla! – Hurra! – Auweh!	

18 Nomen (Substantiv)

Ein Nomen wird großgeschrieben. Man unterscheidet zwei Großgruppen: Wenn ich mich auf eine bestimmte Person (Eigenname), ein bestimmtes Tier oder einen bestimmten Gegenstand oder Ort (geographischer Eigenname) beziehe, dann spricht man von einem **Konkretum.** Wenn ich mich auf etwas beziehe, das nicht gegenständlich („körperlich"), sondern nur gedacht (Gefühl, Sachverhalt, Begriff, Idee, Vorstellung) ist, dann nennt man das Nomen ein **Abstraktum**.
Konkretum: Pilot, Ulrike, Schulkind – Hund, Ente, Pferd – Stuhl, Eisenbahn, Buch – Europa, Spanien, München
Abstraktum: Freude – Altersunterschied – Reichtum – Gerechtigkeit – Demokratie
Im Einzelnen können sich diese Unterscheidungen aber sehr wohl überschneiden. Säugetier: Einzelnes (konkretes) Tier oder Sammelbegriff (abstrakt) in der Zoologie.

19 Verwendung im Satz

Außer im Prädikat kann das Nomen in allen Satzgliedern und Satzgliedteilen stehen.

Subjekt	Wer oder was?	Die Maschine funktioniert.
Objekt	z. B. Wem?	Hilf bitte deiner Schwester etwas!
Adverbiale	Womit?	Er hielt den Ball mit beiden Händen.
Prädikativum	(Gleichsetzung)	Bettina ist unsere Klassensprecherin.
Attribut	Was für ein, welches…?	Das Fenster im ersten Stock steht offen.

20 Genus

Die Nomina haben meistens einen Artikel bei sich. Er gibt das Genus (Geschlecht) des Nomens an.

Man unterscheidet drei Genera:	
Maskulinum (männlich)	der Horizont
Femininum (weiblich)	die Richtung
Neutrum (sächlich)	das Schild
Das Genus stimmt nicht immer mit dem natürlichen Geschlecht überein:	
Natürliches Geschlecht	der Stier, die Kuh, das Kalb
Grammatisches Geschlecht	der Einband, die Seite, das Blatt
Mit einem Genuswechsel ändert sich auch die Wortbedeutung.	das Verdienst, der Verdienst der See, die See

21 Numerus

Der Plural (Mehrzahl) wird unterschiedlich aus dem Singular (Einzahl) gebildet:	
mit Endung -n	die Straße, die Straßen
mit Endung -en	die Bahn, die Bahnen
mit Endung -s	das Auto, die Autos
unverändert	der Flügel, die Flügel
mit Umlaut	die Tochter, die Töchter
mit Endung -e	der Tisch, die Tische
mit Endung -e und Umlaut	die Hand, die Hände
mit Endung -er	das Bild, die Bilder
mit Endung -er und Umlaut	der Rand, die Ränder
Einige Nomina können nur im Singular oder Plural verwendet werden:	das *Laub*, die Blätter der *Regen*, die Regengüsse der *Rat*, die Ratschläge das *Obst*, die Obstsorten die *Lebensmittel*, das Essen die *Ferien*, der Urlaub die *Einnahmen*, der Gewinn die *Leute*, jemand

! Verschiedene Fremdwörter haben ihre ursprüngliche Pluralform beibehalten: Lexikon – Lexika, Numerale – Numeralia, Nomen – Nomina, Terminus – Termini, Visum – Visa.

Oder sie haben Mischformen zwischen der Herkunftssprache und dem Deutschen entwickelt: Adverb – Adverbien, Atlas – Atlanten, Drama – Dramen, Kaktus – Kakteen, Zentrum – Zentren

22 Kasus

In der deutschen Sprache gibt es vier Kasusformen (Fälle):	
Nominativ (1. Fall, Wer-Fall)	der Film, die Filme
Wer oder was?	das Rad, die Räder
Genitiv (2. Fall, Wes-Fall)	des Kindes, der Kinder
Wessen?	des Wortes, der Wörter
Dativ (3. Fall, Wem-Fall)	dem Staat, den Staaten
Wem?	dem Boot, den Booten
Akkusativ (4. Fall, Wen-Fall)	den Stift, die Stifte
Wen oder was?	das Ufer, die Ufer

23 Schwache Deklination

Zur schwachen Deklination gehören nur maskuline und feminine Nomina.
Die Pluralendung ist in allen Formen -en bzw. -n.

Kasus	**Singular**		**Plural**	
Nominativ	der Student	die Farbe	die Student**en**	die Farbe**n**
Genitiv	des Student**en**	der Farbe	der Student**en**	der Farbe**n**
Dativ	dem Student**en**	der Farbe	den Student**en**	den Farbe**n**
Akkusativ	den Student**en**	die Farbe	die Student**en**	die Farbe**n**

24 Starke Deklination

Ein wichtiges Erkennungsmerkmal ist das Genitiv-(e)s (Singular) beim Maskulinum und Neutrum und das Dativ-n (Plural) bei allen drei Genera. Außerdem werden alle Nomina, die den Plural mit Umlaut bilden, stark dekliniert.

Kasus	**Singular**		**Plural**	
Nominativ	der Hügel die Stadt	das Fach	die Hügel die Städte	die Fächer
Genitiv	des Hügel**s** der Stadt	des Fach**es**	der Hügel der Städte	der Fächer
Dativ	dem Hügel der Stadt	dem Fach(e)	den Hügel**n** den Städte**n**	den Fächer**n**
Akkusativ	den Hügel die Stadt	das Fach	die Hügel die Städte	die Fächer

!

1. Nomina (meist Fremdwörter), die den Plural mit einem Endungs-s bilden, bleiben in allen Pluralformen gleich: das Auto, die Auto**s** - das Baby, die Baby**s**.
2. Eigennamen haben das Genitiv-s nur, wenn sie ohne Artikel und ohne Attribut stehen: Goethes Werke, Europas Zukunft. *Aber* die Dramen des jungen Schiller, die Regierung des Landes Thüringen.

25 Gemischte Deklination

Zur gemischten Deklination gehören maskuline und neutrale Nomina. Sie werden im Singular nach der starken und im Plural nach der schwachen Deklination gebeugt.

Kasus	**Singular**		**Plural**	
Nominativ	der Strahl	das Ohr	die Strahlen	die Ohren
Genitiv	des Strahl**s**	des Ohr**s**	der Strahlen	der Ohren
Dativ	dem Strahl	dem Ohr	den Strahlen	den Ohren
Akkusativ	den Strahl	das Ohr	die Strahlen	die Ohren

> **!** Zur gemischten Deklination gehören auch Wörter, die im Genitiv (Singular) sich sozusagen „doppelt" beugen, nämlich schwach und stark:
> z. B. der Buchstabe, des Buchstab**ens** das Herz, des Herz**ens**

26 Bildung von Nomina

Einfache oder ursprüngliche Nomina Sie gehören zum Grundbestand einer Sprache und sind meistens einsilbig.	Baum, Fuß, Gras, Haus, Mond, Wort, Zahn	
Abgeleitete Nomina durch Ablaut durch Umlaut durch Präfix (Vorsilbe) durch Suffix (Nachsilbe) durch Präfix und Suffix	 fahren, F**u**hre – binden, B**a**nd Farbe, f**ä**rben – faul, F**ä**ule Fahrt, **Ein**fahrt – Geduld, **Un**geduld eigen, Eigen**tum** – Lehre, Lehr**ling** dienen, **Be**dien**ung** – führen, **Über**führ**ung**	
! Die verschiedenen Formen der Ableitung können auch gemeinsam auftreten: Bau, **Ge**/b**äu**/**de** (Präfix, Umlaut, Suffix)		
Zusammengesetzte Nomina Sie bestehen aus Bestimmungswort und Grundwort. Das Grundwort steht am Ende; es wird durch das Bestimmungswort in seiner Bedeutung näher bestimmt.	Verb + Nomen: Adjektiv + Nomen Adverb + Nomen Numerale + Nomen Präposition + Nomen	Wohnraum Kaltluft Wohltat Achtzylinder Mitgefühl

27 Artikel

Der Artikel ist ein Begleiter des Nomens. Er steht vor dem Nomen: bestimmter Artikel unbestimmter Artikel	 **der** Bundestag, **die** Bundesregierung, **das** Parlament **ein** Auftrag, **eine** Untersuchung, **ein** Resultat
Der Artikel trägt die Deklinationsmerkmale des Nomens, zu dem er gehört.	Ich vertraue **dem** Bericht. (Dativ/Singular) **Den** Nachrichten kann man nicht immer vertrauen. (Dativ/Plural)

»

Die genaue Bestimmung von Genus, Numerus und Kasus ist aber meist nur in Verbindung mit dem Nomen möglich, da mehrere Deklinationsformen gleich lauten.	**Die** Tür steht offen. (Femininum, Singular, Nominativ) Sie öffnete **die** Fenster. (Neutrum, Plural, Akkusativ)
Der Artikel verdeutlicht die Substantivierung einzelner Wörter.	grün: **das** Grün der Wiesen flackern: **das** Flackern des Feuers auf und ab: **das** Auf und Ab der Wogen

28 Deklination des Artikels

Im Plural sind die Formen des bestimmten Artikels für alle drei Genera gleich. Beim unbestimmten Artikel entfällt der Plural; denn die Nomina haben keinen Artikel, wenn sie eine unbestimmte Menge oder Anzahl anzeigen.

		Singular	
Nominativ	der/ein Turm	die/eine Spur	das/ein Bild
Genitiv	des/eines Turmes	der/einer Spur	des/eines Bildes
Dativ	dem/einem Turm	der/einer Spur	dem/einem Bild
Akkusativ	den/einen Turm	die/eine Spur	das/ein Bild
		Plural	
Nominativ	die Türme	die Spuren	die Bilder
Genitiv	der Türme	der Spuren	der Bilder
Dativ	den Türmen	den Spuren	den Bildern
Akkusativ	die Türme	die Spuren	die Bilder

29 Pronomen

Das Pronomen kann für das Nomen stehen, es vertreten; es ist sein **Stellvertreter**.	Inge hat einen neuen PC; **er** gehört **ihr**. **Sie** kommt gut mit **ihm** zurecht. Ich sehe **sie** oft an **ihm** arbeiten.
Das Pronomen kann ein Nomen begleiten, es genauer bestimmen; es ist sein **Begleiter**.	**Wie viel** Gigabytes hat der Speicher **deines** PCs? Mit **welchem** Programm arbeitest du? Hast du **irgendwelche** Fragen? Ich habe noch **ein paar** leere Disketten. Möchtest du sie?

30 Personalpronomen

Das Personalpronomen (persönliches Fürwort) ist nach drei Sprechrichtungen oder Sprechansätzen im Singular und Plural untergliedert.	Der Sprecher meint sich selbst.	**Ich** habe heute keine Zeit. **Wir** kommen gerne mit.
	Jemand wird angesprochen.	**Du** spielst gut. **Ihr** habt recht.
	Über jemanden oder etwas wird gesprochen.	**Er/sie/es** funktioniert nicht. **Sie** können nichts dafür.

Deklination (Singular und Plural):

	Nominativ	**Genitiv**	**Dativ**	**Akkusativ**
1. Person	ich/wir	meiner/unser	mir/uns	mich/uns
2. Person	du/ihr	deiner/euer	dir/euch	dich/euch
3. Person	er/sie	seiner/ihrer	ihm/ihnen	ihn/sie
	sie/sie	ihrer/ihrer	ihr/ihnen	sie/sie
	es/sie	seiner/ihrer	ihm/ihnen	es/sie

31 Reflexivpronomen

Das Reflexivpronomen (rückbezügliches Fürwort) wird dann verwendet, wenn sich etwas auf das Subjekt eines Haupt- oder Nebensatzes zurückbezieht, wenn also Subjekt und Objekt dieselbe Person oder Sache sind.	Ich fühle **mich** nicht wohl. Wir fühlen **uns** nicht wohl. Am besten hilfst du **dir** selbst. Am besten helft **ihr** euch selbst. Er/sie/es irrt **sich** öfters. Sie irren **sich** öfters.
Das Reflexivpronomen stimmt in den Formen weitgehend mit denen des Personalpronomens überein. Nur im Dativ und Akkusativ der 3. Person hat es die eigene Form „sich".	Er weiß sich schon zu helfen. Sie wissen sich schon zu helfen. Sie erholt sich gut. Sie erholen sich gut.

32 Demonstrativpronomen

Als Begleiter des Nomens oder an dessen Stelle weist das Demonstrativpronomen (hinweisendes Fürwort) auf etwas hin, das entweder schon bekannt ist oder genauer bestimmt werden soll.	Wenn ich **den** erwische! Kennst du **diesen** Song? An **jenem** Tag geschah es. **Solche** Locken hätte ich auch gerne. Wir haben **dieselbe** Schuhgröße. Ich bitte **denjenigen**, der mein Rad beschädigt hat, sich zu melden.

»

Die einfachen Demonstrativpronomina werden – mit wenigen Ausnahmen – wie der bestimmte Artikel dekliniert.	Mit **dem** kommt niemand aus. An **die** erinnere ich mich kaum. Meinst du **diesen** oder **jenen?**
Die zusammengesetzten Demonstrativpronomina werden wie Artikel plus Adjektiv dekliniert.	in **der neuen** Klasse in **derselben** Klasse
! Die Ausnahmen beziehen sich auf „der, die, das": Genitiv/Singular	 Matthias: **dessen** Freund Lina: **deren** Freundin Haus: **dessen** Dach
Genitiv/Plural „deren" wird gebraucht, wenn es auf bereits Genanntes hinweist.	Kennst du noch deine Großeltern? Nein, **deren** kann ich mich nicht mehr erinnern.
„derer" wird gebraucht, wenn die Erklärung erst noch folgt.	Die Zahl **derer**, die das Rauchen aufgeben, wächst ständig.

33 Possessivpronomen

Das Possessivpronomen (besitzanzeigendes Fürwort) gibt die Besitzverhältnisse an oder ordnet das eine dem andern zu.	Besitzangabe: Der Reisende hatte **seine** Papiere verloren. Zuordnung: Du versäumst noch **deinen** Zug.

Es gibt so viele Possessivpronomina wie Personalpronomina:

Nominativ	ich/wir	**mein/unser** Buch	**meine/unsere** Bücher
Genitiv	du/ihr	**deines/eures** Buches	**deiner/eurer** Bücher
Dativ	er/sie/es	**seinem/ihrem/ seinem** Buch	**seinen/ihren/ seinen** Büchern
Akkusativ	sie (Plural)	**ihr** Buch	**ihre** Bücher

In Verbindung mit einem Nomen im Singular werden die Possessivpronomina wie der unbestimmte Artikel dekliniert,	mit **einem** Stift – mit **meinem** Stift mit **einem** Auto – mit **deinem** Auto mit **einer** Brille – mit **seiner** Brille
in Verbindung mit einem Nomen im Plural wie das Demonstrativpronomen.	für **diese** Karten – für **meine** Karten während **dieser** Ferien – während **ihrer** Ferien

34 Interrogativpronomen

Mit einem Interrogativpronomen (Fragefürwort) werden häufig Wortfragen oder indirekte Fragesätze eingeleitet.	**Wem** gehört das Heft? **Welchen** Text meinst du? **Was für einen** Vorschlag hat er dir gemacht? Weißt du, **wer** das gesagt hat?
Zur Deklination: „Wer/was?" wird mit Ausnahme des Genitivs (Wessen?) wie der bestimmte Artikel dekliniert.	Wir sahen den Bürgermeister. **Wen** saht ihr?
„Welcher/welche/welches?" wird mit oder ohne Nomen wie ein Adjektiv ohne Artikel dekliniert.	**Heißes** Essen ist ungesund. **Welches** Essen ist ungesund? Ich habe **grüne** und **rote** Bänder. **Welche** möchtest du lieber?
In der Wortgruppe „Was für ein …?" mit nachfolgendem Nomen wird nur der unbestimmte Artikel dekliniert.	In was für **einem** Jahrhundert lebst du? An was für **einen** Wagen hast du gedacht?
Da der unbestimmte Artikel keine Pluralform hat, wird der Plural der Wortgruppe ohne den unbestimmten Artikel gebildet.	**Was für** Vorteile habe ich, wenn ich bar bezahle?

35 Relativpronomen

Das Relativpronomen (bezügliches Fürwort) hängt von einem Bezugswort ab, auf das es sich bezieht.	**Das Thema, welches** du wählst, ist nicht leicht.
Es stimmt mit dem Bezugswort in Genus und Numerus überein.	**Der Titel, den** Sie suchen, ist vergriffen. Ich bin mit **vielem, was** du sagst, einverstanden.
Der Kasus richtet sich nach der Konstruktion des Nebensatzes.	Die Kunden, **mit denen** wir sprachen, waren sehr zufrieden. Für das Konzert, **das** wir besuchen wollten, gab es keine Karten mehr.
„wer, was" kann als Verkürzung für „derjenige, der/welcher", „diejenige, die/welche" oder „dasjenige, das/welches" verwendet werden.	**Derjenige, der** das behauptet, lügt. **Wer** das behauptet, lügt. **Was** du sagst, stimmt nicht.

»

Zur Deklination: „der, die, das" wird wie das entsprechende Demonstrativpronomen dekliniert,	das Haus, in **dem** wir wohnen die Straße, an **der** das Haus liegt
! mit Ausnahme des Genitivs.	das Haus, **dessen** Tür klemmt die Tür, **deren** Schloss quietscht die Fenster, **deren** Läden im Wind schlagen
„welcher, welche, welches" wird wie ein Adjektiv ohne Artikel dekliniert,	**Mit Neuem** kann ich nicht aufwarten. Das Lied, **mit welchem** wir euch erfreuen wollen, haben wir selbst komponiert.
! mit Ausnahme des Genitivs.	der Baum, **dessen** Äste morsch sind die Blume, **deren** Blüten welken die Länder, **deren** Währung schwach

36 Indefinitpronomen

Das Indefinitpronomen (unbestimmtes Fürwort) bezeichnet ganz allgemein etwas (Lebewesen, Ding, Begriff), das nicht näher bestimmt ist oder nicht näher bestimmt werden soll.

Soweit die Indefinitpronomina unbestimmte Mengen- oder Zahlenangaben sind, kann man sie auch zu den Numeralia (Zahlwörtern) zählen. Die Übergänge sind dabei nicht allzu scharf.

Zu den Indefinitpronomina gehören:
1. einer, irgendein(er), manch(er), kein(er), jeder, jeglicher, viel, wenig, alle, einige, etliche, irgendwelche, mehrere, sämtliche, viele, wenige
2. ein paar, etwas, man, irgendetwas, nichts
3. irgendjemand, jedermann, jemand, niemand

Die Indefinitpronomina werden sehr unterschiedlich dekliniert.

1. Dies hängt zum einen davon ab, ob sie allein (als „Stellvertreter") stehen	*Wie der bestimmte Artikel:* Das weiß **keiner**. Er spielt nicht mit **jedem**.
oder in Verbindung mit einem Attribut oder Nomen.	*Wie der unbestimmte Artikel:* Das weiß **kein** Mensch. Ich kenne **keinen** besseren Freund.

Der Plural, wenn er möglich ist, richtet sich nach dem bestimmten Artikel.	Es ist noch nicht **aller** Tage Abend. An **manchen** Tagen gelingt nichts.
! Formen von „jeder" und „jeglicher" werden immer wie der bestimmte Artikel dekliniert.	Uns ist **jeder** gute Vorschlag willkommen. Er suchte **jeglichen** erdenklichen Vorwand.
In bestimmten Verbindungen können Indefinitpronomina endungslos bleiben.	**alle** meine Gedanken – *aber* mit **all** seinen Gedanken **manche** alten Häuser – *aber* bei **manch** altem Haus **viele** neue Bücher – *aber* mit **viel** Getöse
2. Einige Indefinitpronomina bleiben unverändert.	**Man** kann **nichts** tun. Kann **man** ihr mit **irgendetwas** eine Freude machen?
3. Bei der dritten Gruppe bestimmt der zweite Bestandteil die Deklination.	niemand, niemand**es**, niemand(**em**) niemand(**en**)

37 Numerale

Unter dem Begriff Numerale (Zahlwort) werden alle Wörter zusammengefasst, die eine bestimmte oder unbestimmte Zahl oder Menge angeben. Als Wortart ist das Numerale aber nicht eindeutig festgelegt.

Als Begleiter eines Nomens wird es Zahladjektiv genannt.	der **dritte** Mann die **vielen** Fremdwörter
Als Stellvertreter eines Nomens heißt es auch Numeralpronomen (Zahlpronomen) oder Indefinitpronomen. Das Numeralnomen (Zahlsubstantiv) wird großgeschrieben.	Auf dem Feld waren nur noch **zehn** (Spieler). Sie hatten mit wesentlich **weniger** (Zuschauern) gerechnet. im **Dutzend** billiger – über eine **Million**
Zu den Numeralia gehören:	
1. die Kardinalzahlen (Grundzahlen)	eins, zehn, hundert, eine Million
2. die Ordinalzahlen (Ordnungszahlen)	die erste Schicht, jeder Fünfte
3. die Bruchzahlen	ein viertel Kilo, vier Fünftel, ein Achtel
4. die Vervielfältigungszahlwörter	dreifach, das Hundertfache
5. die Wiederholungszahlwörter	dreimal, etliche Male, Dutzend Male
6. die unbestimmten Zahlwörter	einige, manche, mehrere
7. die Gattungszahlwörter (Aufzählung von Unterschiedlichem)	dreierlei, mancherlei, vielerlei

38 Adjektiv (Eigenschaftswort)

Das Adjektiv ist eine deklinierbare Wortart.	an einem schönen Herbsttag
Die meisten Adjektive bilden Vergleichsformen.	klein – kleiner – am kleinsten
Mit dem Adjektiv können Personen, Dinge oder Sachverhalte charakterisiert,	ein steiler Weg, eine knifflige Frage
beurteilt	ein nützliches Gerät, eine gute Frage
oder beschrieben werden.	Die Spieler sind müde. Die Suppe ist heiß.

39 Verwendung im Satz

als Attribut	dekliniert	die großen Ferien
als Prädikativum	undekliniert	Die Milch ist warm.
als Adverbiale	undekliniert	Du singst falsch.

40 Genus, Numerus und Kasus

Das Adjektiv stimmt mit dem Nomen, dem es beigefügt ist oder das es vertritt, in	
Genus,	Du hast ein gebrauchtes Fahrrad, ich habe ein neues.
Numerus	der alte Baum, die alten Bäume ein krankes Kind, die Kranken
und Kasus überein.	mit einem schnellen Rechner mit großem Getöse

41 Schwache Deklination

Vor dem Adjektiv steht der bestimmte Artikel oder ein Pronomen.

	Singular		
	maskulin	feminin	neutral
Nominativ	der kleine Tisch	die dunkle Nacht	das alte Auto
Genitiv	des kleinen Tisches	der dunklen Nacht	des alten Autos
Dativ	dem kleinen Tisch	der dunklen Nacht	dem alten Auto
Akkusativ	den kleinen Tisch	die dunkle Nacht	das alte Auto

	Plural		
	maskulin	feminin	neutral
Nominativ	die kleinen Tische	die dunklen Nächte	die alten Autos
Genitiv	der kleinen Tische	der dunklen Nächte	der alten Autos
Dativ	den kleinen Tischen	den dunklen Nächten	den alten Autos
Akkusativ	die kleinen Tische	die dunklen Nächte	die alten Autos

42 Starke Deklination

Wenn dem Adjektiv kein Artikel oder Pronomen vorausgeht, dann übernimmt das Adjektiv die Endungen des bestimmten Artikels:
mit dem Gerät, mit schwerem Gerät
Eine Ausnahme bildet nur der Genitiv Singular Maskulinum/Neutrum mit der Endung -en:
der Geruch des frischen Brotes, *aber* der Geruch frischen Brotes

! Bei den endungslosen Formen des unbestimmten Artikels oder nach einem endungslosen Pronomen übernimmt das Adjektiv die Endung des bestimmten Artikels; es wird stark dekliniert:
der neue PC, ein neuer PC – auf unserem grünen Rasen, auf grünem Rasen

43 Gemischte Deklination

Die gemischte Deklination ist eine Zusammensetzung aus der starken und schwachen Deklination.

Starke Deklination nach endungslosem Pronomen;	mein neues Programm viel überflüssige Daten
sonst schwache Deklination	mit meinem neuen Programm die vielen überflüssigen Daten

44 Deklination mehrerer Adjektive (Paralleldeklination)

Mehrere Adjektive vor einem Nomen werden parallel, d. h. auf die gleiche Weise dekliniert.	in einem neuen, mehrstöckigen Haus das Ergebnis einer langen, anstrengenden Sitzung mit großem, sehr kostspieligem Aufwand an kalten, aber sonnigen Tagen

45 Komparation

Die meisten Adjektive können gesteigert werden. Positiv (Grundstufe) Komparativ (Vergleichsstufe) Superlativ (Höchststufe)	 klein kleiner am kleinsten, der kleinste Fehler
Regelmäßige Steigerung Endungen -er, -st Endungen -er, -est Endungen plus Umlaut Ausfall von -e- vor der Komparativendung	 fein, feiner, am feinsten dicht, dichter, am dichtesten jung, jünger, am jüngsten alt, älter, am ältesten teuer, teu(e)rer, am teuersten
Unregelmäßige Steigerung Wortwechsel Konsonantenwechsel	 gut, besser, am besten viel, mehr, am meisten hoch, höher, am höchsten nahe, näher, am nächsten
Steigerung von Zusammensetzungen Die Zusammensetzung ergibt einen neuen einheitlichen Begriff; deshalb wird der zweite Wortteil gesteigert. Wenn der erste Bestandteil steigerbar ist oder die einzelnen Bestandteile auch für sich allein einen Sinn haben, dann wird der erste Wortteil gesteigert.	 ein folgenreicher Entschluss, der folgenreichste Entschluss ein längerfristiger Plan, eine näherliegende Vermutung der weitestgehende Antrag, die bestmögliche Lösung
Adjektive, deren Inhalt eindeutig festgelegt ist und keine Abstufungen erlaubt, können nicht gesteigert werden.	wörtlich – schriftlich, rund – eckig, echt – falsch, englisch – deutsch, tot – lebendig
! „als“ oder „wie“? gleiche Stufe unterschiedliche Stufe	 Franz ist so alt wie Inge. Fritz ist älter als Karin.

46 Rektion bei Adjektiven

Einige Adjektive fordern nach sich einen bestimmten Kasus.	
Genitiv	sich seiner Verantwortung bewusst sein
Dativ	jemandem behilflich sein
mit Präposition	zu etwas fähig sein

47 Bildung von Adjektiven

Einfache oder ursprüngliche Adjektive:	kurz, lang, alt		
Abgeleitete Adjektive:			
Vorsilbe (Präfix)	uralt, untreu, missmutig		
Nachsilbe (Suffix)	dankbar, krankhaft, mühsam		
zusätzlich mit Umlaut	missgünstig, mächtig, zänkisch		
Zusammensetzungen:	Grundwort:	grün	eckig
Sie bestehen aus Bestimmungswort	Bestimmungswort:	hell	acht
und Grundwort.	Zusammensetzung:	hellgrün	achteckig

48 Verb (Vollverben – Hilfsverben – Modalverben)

Wörter, die konjugiert werden, heißen Verben.	rufen, ich rufe, ich rief, ich habe gerufen ich kann, du kannst, er/sie/es kann
Es gibt drei Gruppen von Verben:	
Vollverben Sie können allein das Prädikat bilden.	schreiben, singen, fahren, werfen
Hilfsverben Sie helfen beim Bau des zusammengesetzten Prädikats.	sein – Ich bin zu spät gekommen haben – Wir haben ihn nicht gesehen. werden – Du wirst es schon schaffen.
Modalverben Sie verändern die Aussageweise (Modus) des Prädikats.	wollen – Er wollte kommen. sollen – Wer soll das gesagt haben? können – Ich kann dir nicht folgen. müssen – Das müsste so gehen. dürfen – Darf ich Sie etwas fragen? mögen – Das mögen andere entscheiden.
! Hilfs- und Modalverben können manchmal auch die Rolle eines Vollverbs übernehmen.	Sie hat Fieber. Das kann ich allein. Ich mag nicht.

»

Bei den Vollverben unterscheidet man zwischen Tätigkeitsverben,	Er putzt sein Auto.
Vorgangsverben und	Der Wind weht.
Zustandsverben.	München liegt in Bayern.
Die konjugierten Formen des Verbs bilden das Prädikat (Satzaussage) in einem Satz.	Wir spielen Fußball. Subjekt Prädikat Objekt
Das Verb bestimmt die Grundstruktur eines Satzes. Es legt fest, welche Satzglieder zur grammatikalischen Vollständigkeit notwendig sind. Man spricht daher von der Wertigkeit (Valenz) des Verbs.	einwertig: Der Vogel ← singt. zweiwertig: Wir ← denken → an dich. dreiwertig: Er ← gratulierte → mir → zum Geburtstag.

49 Untergliederung der Vollverben

persönlich ↔ unpersönlich	
Persönliche Verben haben ein persönliches Subjekt.	Ich lese. Die Straßenbahn kommt. Die Bremsen quietschen.
Unpersönliche Verben haben als Scheinsubjekt das Wort „es".	Es regnet. Es freut mich, Sie zu sehen. *Aber* ich freue mich, Sie zu sehen.
transitiv ↔ intransitiv	
Transitive Verben fordern den Akkusativ nach sich. Sie bilden die Perfektformen mit „haben". Sie haben ein persönliches Passiv.	Sie kleben gemeinsam ein Poster. Haben Sie mich gerufen? Die Arbeit wurde (von uns) beendet.
Intransitive Verben stehen ohne Akkusativ. Sie bilden die Perfektformen bei einer Zustands- oder Ortsveränderung mit „sein". Sie bilden kein persönliches Passiv.	Der Abend kommt näher. Er hat mir geholfen. Wir waren nach Augsburg gefahren. Es wurde mir (von ihm) geholfen.
! Nicht alle intransitiven Verben können ins Passiv gesetzt werden.	blühen, dauern, gehören
Einige Verben können transitiv und intransitiv verwendet werden; dabei ändert sich aber ihre Bedeutung.	Wir sind heute sehr früh aufgebrochen. Wer hat das Schloss aufgebrochen?

reflexiv	
Echte reflexive Verben können nur in Verbindung mit einem Reflexivpronomen auftreten.	Hast du dich schon geduscht? Er bedankte sich bei uns sehr herzlich.
Unechte reflexive Verben können auch mit anderen Pronomina oder Nomina verbunden werden.	Er quälte sich mit der Aufgabe ab. Er quälte ihn ständig mit Fragen.
trennbar ↔ untrennbar	
Trennbare Verben haben die Betonung auf dem Bestimmungswort.	vórlesen – Lies bitte den Text vor! héimzahlen – Er zahlte es ihm heim.
Untrennbare Verben haben die Betonung auf dem Grundwort.	zerschlágen – Der Plan zerschlug sich. überséhen – Er übersah viel.
! Die Worttrennung gilt nur für Hauptsätze im Präsens oder Präteritum.	Der Versuch schlug fehl. *Aber* Der Versuch war fehlgeschlagen. Weißt du, warum der Versuch fehlschlug?

schwach – stark – unregelmäßig

Es gibt drei Konjugationsarten; sie richten sich jeweils nach den Stammformen der Verben.

1. Stammform Infinitiv	**2. Stammform** Präteritum	**3. Stammform** Partizip Perfekt
fragen	ich fragte	gefragt
finden	ich fand	gefunden
bringen	ich brachte	gebracht

Bei der schwachen Konjugation ändert sich der Stammvokal in den einzelnen Stammformen nicht. Die 3. Stammform wird mit -t oder -et gebildet.	Schwache Verben – Schwache Konjugation spielen spielte gespielt reden redete geredet
Bei der starken Konjugation ändert sich der Stammvokal durch Ablaut. Die 3. Stammform endet auf -en.	Starke Verben – Starke Konjugation binden band gebunden helfen half geholfen

»

Bei der unregelmäßigen oder gemischten Konjugation ändert sich zwar der Stammvokal, die Endungen sind aber schwach.	Unregelmäßige Verben – Gemischte Konjugation rennen rannte gerannt können konnte gekonnt
Es können sich auch Stammvokal und Konsonant ändern.	denken dachte gedacht

50 Infinite Verbformen

Die infiniten (unbestimmten) Verbformen sind nicht an Person, Numerus, Modus und Tempus gebunden.	Infinitiv	singen	spielen
	Partizip I	singend	spielend
	Partizip II	gesungen	gespielt

51

Der **Infinitiv** ist die Grundform des Verbs.	hören, rufen, antworten
Im Satz kann der Infinitiv ein Satzglied oder ein Attribut sein.	Satzglied: Fragen kann nicht schaden. (Wer oder was?) Attribut: Ich hatte den Auftrag, ihn zu warnen. (Was für ein Auftrag?)
Der satzwertige Infinitiv steht anstelle eines Nebensatzes.	Nebensatz: Ich habe mir freigenommen, damit ich dir helfen kann. Satzwertiger Infinitiv: Ich habe mir freigenommen, um dir zu helfen.
Der Infinitiv kann mit finiten Verbformen (Personalformen) verbunden werden.	Sie wird schon noch kommen. Wir mussten lachen.
Neben dem reinen Infinitiv gibt es noch drei zusammengesetzte Formen.	Infinitiv Präsens Passiv: gelobt werden Infinitiv Perfekt Aktiv: gelobt haben Infinitiv Perfekt Passiv: gelobt worden sein

!

Im Satz steht der Infinitiv mit „zu":
die Kunst **zu** schweigen
die Klugheit nach**zu**geben (Zwischenstellung bei betonter Vorsilbe)
Die Wahrheit **zu** sagen(,) fällt nicht immer leicht.
Ich sah im Lexikon nach, um die genauen Geburtsdaten **zu** erfahren (*aber* ein**zu**tragen).

52

Das **Partizip I** wird aus der 1. Stammform mit den Endungen -end oder -nd gebildet.	leuchtend, glitzernd
Das Partizip I kann als Nomen oder Adjektiv gebraucht werden.	Nomen: die Liegende Adjektiv: die tosende Menge
Das Partizip I kann im Satz ein Satzglied oder ein Attribut sein.	Satzglied: Bring es ihm schonend bei! (Wie?) Attribut: Die Reklame erstrahlte in leuchtenden Farben. (In welchen Farben?)
Das Partizip I kann für einen Nebensatz stehen.	Nebensatz: Kaum dass ich ihn wiedersah, erinnerte ich mich an ihn. Satzwertiges Partizip I: Kaum ihn wiedersehend, erinnerte ich mich an ihn.
Das Partizip I wird wie ein Adjektiv dekliniert.	in dem großen Saal in dem blitzenden Spiegel

53

Das **Partizip II** gibt die Aussage eines Verbs als abgeschlossenes Geschehen oder als Ergebnis wieder. Es ist die 3. Stammform des Verbs.	gewaschen, abgeerntet, getrocknet verkauft, repariert, eingeschlafen
Das Partizip II der transitiven Verben kann als Nomen oder Adjektiv gebraucht werden.	Nomen: der Beschuldigte Adjektiv: der betrogene Wirt
Dies gilt auch für intransitive Verben, die das Perfekt Aktiv mit „sein“ bilden und eine Veränderung eines Zustandes angeben.	die versunkene Glocke das verdampfte Wasser
Das Partizip II kann im Satz ein Satzglied oder Attribut sein:	Satzglied: Aufgeschoben ist nicht aufgehoben. (Wer oder was?) Attribut: Die verstreuten Einzelteile wurden aufgesammelt. (Welche?)

»

Das Partizip I kann einen Nebensatz ersetzen.	Nebensatz: Wenn man die Sache richtig betrachtet, kann man nur zustimmen. Satzwertiges Partizip II: Die Sache richtig betrachtet, kann man nur zustimmen.
Das Partizip II kann mit finiten Verbformen (Personalformen) verbunden werden.	Wen hast du gesehen?

! Bei der Verwendung der Silbe -**ge**- im Partizip II ist Folgendes zu beachten: (einfaches Verb) **ge**kauft, **ge**kommen; (untrennbare Verben mit Erstbetonung) **ge**frühstückt, **ge**rechtfertigt, (Betonung der Vorsilbe bei trennbaren Verben) ein**ge**kauft, an**ge**kommen; (Betonung der Stammsilbe, auch bei weiterem Präfix) verkauft, betrogen, beibehalten, umverteilt; (Endung auf -ieren, auch bei Präfix) studiert, einstudiert, programmiert, vorprogrammiert

54 Finite Verbformen

Im Lexikon stehen die Verben im Infinitiv. In einem Satz werden sie konjugiert; sie haben eine finite (bestimmte) Form. Man spricht auch von der Personalform. Diese gibt die **Person**, den **Numerus** und das **Genus des Verbs** wieder.

Für **Person** verwendet man auch die Begriffe Sprechrichtung oder Sprechansatz.	1. Person: ich lebe wir leben 2. Person: du schweigst ihr schweigt 3. Person: er überzeugt sie überzeugen
Der **Numerus** gibt den Singular oder Plural der Personalform an.	Singular: du schwimmst Plural: ihr schwimmt
Das **Genus des Verbs** bezieht sich auf die Aktionsart, die durch das Verb beschrieben wird. Man unterscheidet zwischen **Aktiv** (Tätigkeitsform)und **Passiv** (Leideform).	**Aktiv**: (Jemand handelt, ist tätig.) Wir kehren den Hof, ihr tragt die Säcke. **Passiv**: (Etwas geschieht, ohne dass der „Täter" notwendigerweise genannt wird.) Der Hof wird (von uns) gekehrt. Die Säcke werden (von euch) getragen.
Das Passiv kann einen Vorgang oder einen Zustand beschreiben.	**Vorgangspassiv**: Das Büro wird geschlossen. **Zustandspassiv**: Das Büro ist geschlossen.
Nicht alle Verben können ein Passiv bilden.	Die Blätter welken. Das Wasser fließt.

55 Modus

Das Verb kann innerhalb der Konjugation für drei Modi (Aussageweisen) eingesetzt werden.

Indikativ (wirklich)	Der Roller wird in der Werkstatt repariert.
Konjunktiv I (möglich) und **II** (unwahrscheinlich)	Er sagt, das sei wahr. Wenn er nur die Wahrheit gesagt hätte!
Imperativ (befehlend)	Vergiss nicht, mich anzurufen!

56 Indikativ

Der Indikativ heißt auch Wirklichkeitsform, weil er eine Aussage oder Mitteilung als Feststellung, allgemeine Erfahrung, gesicherte Beobachtung usw. wiedergibt. Er tritt sowohl im Aktiv wie auch im Passiv in allen Zeitformen auf.

Präsens	Der Regen fällt. Das Zimmer wird getüncht.
Präteritum	Wir gingen ins Kino. Sie wurden überrascht.
Perfekt	Ich habe den Zettel gefunden. Der Zahn ist gezogen worden.
Plusquamperfekt	Sie hatten sich verirrt. Die Stadt war überschwemmt worden.
Futur I	Das werden wir schon sehen. Der Tank wird gefüllt werden.
Futur II	Du wirst mich bald überrundet haben. Es wird wohl so gewesen sein.

57 Konjunktiv

Man unterscheidet zwischen dem **Konjunktiv I**, der eine Möglichkeit, Vermutung oder auch eine wörtliche Mitteilung in indirekter Rede wiedergibt, und dem **Konjunktiv II**, der eine Möglichkeit in Frage stellt oder eine Aussage als unwirklich (irreal) charakterisiert. Im Einzelnen gibt es aber Überschneidungen.

58

Der **Konjunktiv I** wird in vier Zeitstufen gebildet.
Er behauptet,

Präsens	*Perfekt*	*Futur I*	*Futur II*
ich komme	ich *sei* gekommen	ich werde kommen	ich werde gekommen sein
	ich habe gelogen		ich werde gelogen haben
du *kommest*	du *sei(e)st* gekommen	du *werdest* kommen	du *werdest* gekommen sein
	du *habest* gelogen		du *werdest* gelogen haben
er *komme*	er *sei* gekommen	er *werde* kommen	er *werde* gekommen sein
	er *habe* gelogen		er *werde* gelogen haben
wir kommen	wir *seien* gekommen	wir werden kommen	wir werden gekommen sein
	wir haben gelogen		wir werden gelogen haben
ihr *kommet*	ihr *seiet* gekommen	ihr werdet kommen	ihr werdet gekommen sein
	ihr *habet* gelogen		ihr werdet gelogen haben
sie kommen	sie *seien* gekommen	sie werden kommen	sie werden gekommen sein
	sie haben gelogen		sie werden gelogen haben
Man sagt, es **werde** gebaut	es **sei** gebaut worden	es **werde** gebaut werden	es **werde** gebaut worden sein

Der Konjunktiv I unterscheidet sich nur in wenigen Formen vom Indikativ. Deshalb werden alle Formen, die wie der Indikativ lauten, durch den Konjunktiv II ersetzt oder mit „würde" umschrieben.	Sie meinte, ich (singe) sänge falsch / ich (habe) hätte mich geirrt / ich (werde) würde selbst draufkommen / ich (tanze) würde gut tanzen.

Der Konjunktiv I im Satz:

Indirekte Rede	Er sagte, er könne leider nicht kommen.
Vermutung, Annahme	Sie glaubte, sie habe alles richtig gemacht.
Wunsch	Seien wir doch einmal ganz ehrlich!
Anweisung	Man lasse die Suppe kurz aufkochen.

59

Der **Konjunktiv II** hat ebenfalls vier Zeitstufen.

Starke Verben:

Singular

Präsens	*Perfekt*	*Futur I*	*Futur II*
ich käme	ich wäre gekommen	ich würde kommen	ich würde gekommen sein
ich sänge	ich hätte gesungen		ich würde gesungen haben
du kämest	du wärest gekommen	du würdest kommen	du würdest gekommen sein
du sängest	du hättest gesungen		du würdest gesungen haben
er käme	er wäre gekommen	er würde kommen	er würde gekommen sein
er sänge	er hätte gesungen		er würde gesungen haben

Plural

wir sängen, ihr sänget, sie sängen

Schwache Verben:

Bei den schwachen Verben lauten Indikativ des Präteritums und Konjunktiv II gleich; deshalb wird immer mit „würde" umschrieben: (sie sagte) sie würde sagen.

Bildung des Konjunktivs II, wenn möglich, durch Umlaut bei starken Verben, Hilfsverben und Modalverben:

ich kam → ich käme, ich flog → ich flöge, ich trug → ich trüge, ich war → ich wäre, ich hatte → ich hätte, ich mochte → ich möchte, ich durfte → ich dürfte.

(Heute ist auch schon üblich: ich brauchte → ich bräuchte.)

Ähnlich auch: er wäre, hätte, würde, könnte, möchte, müsste, dürfte, brächte

!

Die Zeitstufen im Konjunktiv II unterscheiden sich von dem Tempus der Konjugationsformen. Sie werden bei den starken Verben zwar durch Umlaut aus dem Präteritum gebildet, ihre Zeitstufe ist aber das Präsens:

Ich käme zwar gerne mit, aber ich habe noch keinen Urlaub.

Wenn ich ein Vöglein wär, flög ich zu dir.

Ich wäre Ihnen dankbar, wenn sie dem Antrag zustimmen könnten.

Manche Formen des Konjunktivs II sind veraltet oder ungewöhnlich; sie werden daher umschrieben.

Ich wüsche gerne.
Ich würde gerne waschen.
Sie büken Brot.
Sie würden Brot backen.
Wenn das Eis nur (schmölze) schmelzen würde!

60 Imperativ

Mit dem Imperativ kann ein Befehl, eine Aufforderung, ein Wunsch oder eine Bitte ausgedrückt werden.	
Der Imperativ steht ohne Personalpronomen. Nur die Höflichkeitsform hat ein Personalpronomen.	Gib mir bitte die Schlüssel! Besucht uns doch einmal! Gehen Sie bitte weiter!
Er wird aus der 1. Stammform gebildet. Bei den schwachen Verben ist die Endung -e (das oft auch wegfällt) und -t oder -et.	Hole mir bitte die Zeitung! Sagt doch etwas! Richtet nicht zu schnell! Sprecht mit ihm!
Der Imperativ Singular der starken Verben ist endungslos.	Bring ihm das Buch!
Bei starken Verben mit e/i-Wechsel (ich gebe/du gibst) wird -i-/-ie- übernommen.	Hilf ihr bitte in den Mantel! Sieh dich genau um!
Die Höflichkeitsform stimmt mit der 3. Person Plural des Konjunktivs I überein.	Seien Sie so gut und reichen Sie mir das Salz herüber.
Aufforderungen werden in der indirekten Rede umschrieben.	
Möglichkeiten sind: – Modalverben – indirekter Fragesatz – satzwertiger Infinitiv – Konjunktionalsatz	Wir sagten ihm, – er möge bald kommen. – ob er nicht bald kommen könne. Er bat uns, ihm zu helfen. Er wünschte, dass wir bei ihm blieben.

61 Tempus

Die Konjugation (Beugung) des Verbs umfasst sechs Tempora.

Präsens	ich lese, sie surfen
Präteritum (Imperfekt)	er blickte zurück, sie dachte nach
Perfekt	du hast behauptet, ich habe es nicht gewollt
Plusquamperfekt	ihr hattet euch geirrt, ich hatte es vergessen
Futur I	du wirst schon sehen, wir werden kommen
Futur II	sie werden schon fortgegangen sein, er wird bereits gewählt haben

Meistens stimmen die Tempora der Konjugation mit den Zeitstufen – Gegenwart – Vergangenheit – Zukunft – überein. Es gibt aber auch Abweichungen.

Tempus	Zeitstufe	
Perfekt	Gegenwart	Es hat lange gedauert, aber jetzt habe ich es endlich begriffen
Futur II	Vergangenheit	Das Spiel wird wohl so ähnlich abgelaufen sein.
Präsens	Zukunft	Klar, wir sehen uns morgen.

62

Das **Präsens** bezieht sich auf die Zeitstufe der Gegenwart. Es wird aber auch noch anders eingesetzt.

tatsächliche Gegenwart	Ich liege noch im Bett.
sich wiederholendes Geschehen	Ich putze mir jeden Morgen die Zähne.
von allgemeiner Gültigkeit	Die Sonne geht im Osten auf.
zukünftiges Geschehen	Morgen fährt er wieder heim.
historisches Präsens	Am 12.10.1492 sichtet Kolumbus Land.

63

Das **Präteritum** (Imperfekt) ist die „Erzählzeit"; es berichtet über Vergangenes.In der Alltagssprache wird das Präteritum immer mehr zurückgedrängt und durch das Perfekt ersetzt.	Ein König hatte eine Tochter. Er liebte sie sehr. Die Stiefmutter war aber auf sie sehr eifersüchtig. Deshalb dachte sie sich eine List aus.

64

Das **Perfekt** ist auf die Gegenwart bezogen; es berichtet von einem vergangenen Geschehen, dessen Folgen noch in die Gegenwart nachwirken.

vollendete Gegenwart	Sie hat die Fahrprüfung bestanden. (Jetzt hat sie den Führerschein.) Ist der Groschen endlich gefallen?
Vorzeitigkeit zur Gegenwart	Nachdem ich den Antrag genau durchgelesen habe, kann ich Ihre Bedenken gut verstehen. Ich habe den Antrag nochmals durchgelesen; ich stimme ihm jetzt zu.

65

Das **Plusquamperfekt** gibt etwas wieder, was bereits in der Vergangenheit geschehen und abgeschlossen war.

vollendete Vergangenheit oder Vorvergangenheit	Ich hatte ihn gewarnt, aber er hörte nicht auf mich.
Vorzeitigkeit zur Vergangenheit	Nachdem ich mit ihm telefoniert hatte, wusste ich Bescheid.

66

Das **Futur I** ist die einfache Zukunft; es berichtet von einem zukünftigen Geschehen.

zukünftiges Geschehen	Wirst du nächstes Jahr wieder nach Spanien fahren?
Vermutung oder Aufforderung	Er wird schon noch kommen. Das wirst du künftig nicht mehr behaupten!
Nachzeitigkeit zur Gegenwart	Wenn Sie es wünschen, dann werde ich Sie mit dem Wagen abholen.

67

Das **Futur II** gibt etwas wieder, was zu einem bestimmten zukünftigen Zeitpunkt bereits geschehen sein wird.

vollendete Zukunft	Ich denke, bis morgen werde ich Ihren Antrag überprüft haben.
(Diese Verwendung ist aber selten. Sie wird meistens durch das Perfekt ersetzt.)	Rufen Sie mich bitte morgen an! Dann habe ich Ihren Antrag bestimmt überprüft.
Vermutung über Vergangenes	Es wird schon nicht so schlimm gewesen sein.
Vorzeitigkeit zu einem Geschehen in der Zukunft	Wenn Sie mich morgen anrufen, dann wird Ihr Antrag schon behandelt worden sein.
(Auch hier hat sich das Perfekt durchgesetzt.)	dann hat der Stadtrat schon darüber abgestimmt.

Konjugationstabellen *

68 Hilfsverben: sein, haben, werden

Modus / Tempus	Indikativ	Konjunktiv I	Konjunktiv II
Präsens	ich bin, habe, werde du bist, hast, wirst er/sie/es ist, hat, wird wir sind, haben, werden ihr seid, habt, werdet sie sind, haben, werden	ich sei, habe, werde du sei(e)st, habest, werdest er sei, habe, werde wir seien, haben, werden ihr seiet, habet, werdet sie seien, haben, werden	ich wäre, hätte, würde du wärest, hättest, würdest er wäre, hätte, würde wir wären, hätten, würden ihr wäret, hättet, würdet sie wären, hätten, würden
Präteritum	ich war, hatte, wurde du warst, hattest, wurdest er war, hatte, wurde wir waren, hatten, wurden ihr war(e)t, hattet, wurdet sie waren, hatten, wurden		
Perfekt	ich bin gewesen ich habe gehabt ich bin geworden	er sei gewesen er habe gehabt er sei geworden	sie wären gewesen sie hätten gehabt sie wären geworden
Plusquam-perfekt	ich war gewesen ich hatte gehabt ich war geworden		
Futur I	er wird sein, haben, werden	er werde sein, haben, werden	sie würden sein, haben, werden

* *Teilweise wird der Konjunktiv II in den Konjugationstabellen* ***formal*** *dem Präteritum, Plusquamperfekt und Futur II zugeordnet.* ***Inhaltlich*** *gehört er aber zu Präsens, Perfekt und Futur I.*

»

Futur II	ich werde gewesen sein du wirst gehabt haben sie wird geworden sein	er werde gewesen sein er werde gehabt haben sie werde geworden sein	ich würde gewesen sein ich würde gehabt haben ich würde geworden sein

69 Modalverben: können, sollen, müssen, mögen, dürfen, wollen

Modus / Tempus	Indikativ	Konjunktiv I	Konjunktiv II
Präsens	ich kann, soll, muss, mag, darf, will du kannst, sollst, musst, magst, darfst, willst er kann, soll, muss, mag, darf, will wir können, sollen müssen, mögen, dürfen, wollen ihr könnt, sollt, müsst, mögt, dürft, wollt sie können, sollen, müssen, mögen, dürfen, wollen	ich könne, solle, müsse, möge, dürfe, wolle du könnest, sollest, müssest, mögest, dürfest, wollest er könne, solle, müsse, möge, dürfe, wolle wir können, sollen, müssen, mögen, dürfen, wollen ihr könnet, sollet, müsset, möget, dürfet, wollet sie können, sollen, müssen, mögen, dürfen, wollen	ich könnte, sollte, müsste, möchte, dürfte, wollte du könntest, solltest, müsstest, möchtest, dürftest, wolltest er könnte, sollte, müsste, möchte, dürfte, wollte wir könnten, sollten, müssten, möchten, dürften, wollten ihr könntet, solltet, müsstet, möchtet, dürftet, wolltet sie könnten, sollten, müssten, möchten, dürften, wollten
Präteritum	ich konnte, sollte, musste, mochte, durfte, wollte du konntest, solltest, musstest, mochtest, durftest, wolltest er konnte, sollte, musste, mochte, durfte, wollte		

	wir konnten, sollten, mussten, mochten, durften, wollten ihr konntet, solltet, musstet, mochtet, durftet, wolltet sie konnten, sollten, mussten, mochten, durften, wollten		
Perfekt	er hat gekonnt, gesollt, gemusst, gemocht, gedurft, gewollt	sie habe gedurft	er hätte gemusst
Plusquam-perfekt	er hatte gesollt		
Futur I	er wird können	sie werde dürfen	er würde wollen
Futur II	er wird gekonnt haben	sie werde gemocht haben	er würde gedurft haben

! Bei der Konjugation mit einem weiteren Verb wird in zusammengesetzten Zeiten das Partizip II durch den Infinitiv ersetzt:
Wir haben leider nicht warten *können*. Du hättest ihm das sagen *sollen*.

70 Schwache Konjugation

Aktiv			
Modus / Tempus	Indikativ	Konjunktiv I	Konjunktiv II
Präsens	ich wähle, du wählst, er wählt, wir wählen, ihr wählt, sie wählen	ich wähle, du *wählest*, er *wähle*, wir wählen, ihr *wählet*, sie wählen	ich wählte, du wähltest, er wählte, wir wählten, ihr wähltet, sie wählten
Präteritum	ich wählte, du wähltest, er wählte, wir wählten, ihr wähltet, sie wählten		
Perfekt	er hat gewählt er ist geeilt	er *habe* gewählt er *sei* geeilt	er *hätte* gewählt er *wäre* geeilt

»

Plusquam- perfekt	sie hatte gewählt sie war geeilt		
Futur I	sie wird wählen	sie *werde* wählen	sie *würde* wählen
Futur II	er wird gewählt haben er wird geeilt sein	er *werde* gewählt haben er *werde* geeilt sein	er *würde* gewählt haben er *würde* geeilt sein
Vorgangspassiv			
Modus Tempus	Indikativ	Konjunktiv I	Konjunktiv II
Präsens	ich werde gefragt er wird gefragt	ich werde gefragt er *werde* gefragt	ich *würde* gefragt er *würde* gefragt
Präteritum	ich wurde gefragt		
Perfekt	ich bin gefragt worden er ist gefragt worden	ich *sei* gefragt worden er *sei* gefragt worden	ich *wäre* gefragt worden er *wäre* gefragt worden
Plusquam- perfekt	ich war gefragt worden		
Futur I	sie wird gefragt werden	sie *werde* gefragt werden	sie *würde* gefragt werden
Futur II	sie wird gefragt worden sein	sie *werde* gefragt worden sein	sie *würde* gefragt worden sein
Zustandsspassiv			
Modus Tempus	Indikativ	Konjunktiv I	Konjunktiv II
Präsens	es ist beendet	es *sei* beendet	es *wäre* beendet
Präteritum	es war beendet		
Perfekt	es ist beendet gewesen	es *sei* beendet gewesen	es *wäre* beendet gewesen
Plusquam- perfekt	es war beendet gewesen		

Futur I	es wird beendet sein	es *werde* beendet sein	es *würde* beendet sein
Futur II	es wird beendet gewesen sein	es *werde* beendet gewesen sein	es *würde* beendet gewesen sein

71 Starke Konjugation

Aktiv			
Modus / Tempus	Indikativ	Konjunktiv I	Konjunktiv II
Präsens	**ich** gebe, rate, komme **du** gibst, rätst kommst **er** gibt, rät, kommt **wir** geben, raten, kommen **ihr** gebt, ratet, kommt **sie** geben, raten, kommen	ich gebe, rate, komme du *gebest*, *ratest*, *kommest* er *gebe*, *rate*, *komme* wir geben, raten, kommen ihr *gebet*, *ratet*, *kommet* sie geben, raten, kommen	ich *gäbe, riete, käme* du *gäbest, rietest, kämest* er *gäbe, riete, käme* wir *gäben, rieten, kämen* wir *gäben, rieten, kämen* sie *gäben, rieten, kämen*
Präteritum	ich gab, riet, kam du gabst, rietst, kamst er gab, riet, kam wir gaben, rieten, kamen ihr gabt, rietet, kamt sie gaben, rieten, kamen		
Perfekt	er hat gegeben er ist gekommen	er *habe* gegeben er *sei* gekommen	er *hätte* gegeben er *wäre* gekommen
Plusquam-perfekt	sie hatte gegeben sie war gekommen		
Futur I	sie wird geben	sie *werde* geben	sie *würde* geben

Futur II	sie wird gegeben haben sie wird gekommen sein	sie *werde* gegeben haben sie *werde* gekommen sein	sie *würde* gegeben haben sie *würde* gekommen sein

! Alle anderen Formen (Vorgangspassiv und Zustandspassiv) werden wie in der schwachen Konjugation gebildet:
Der Laden ist geschlossen worden; jetzt ist er geschlossen.

72 Bildung der Verben

Einfache oder ursprüngliche Verben	essen, gehen, schreiben, trinken, reden
Abgeleitete Verben: aus Verb mit Umlaut aus Nomen aus Adjektiv mit Vor- oder Nachsilbe (Präfix, Suffix)	 fahren: fuhr – führen Tanz – tanzen, Stahl – stählen mäßig – sich mäßigen, zahm – zähmen brechen – zerbrechen, Witz – witzeln
Sonstige Verben: Zusammensetzungen Funktionsverben	 feststellen, vollenden, wetteifern in Ordnung bringen, zu Ende führen

73 **Adverb**

Das Adverb ist endungslos; es gehört zu den nicht flektierbaren Wörtern:
Adverb: Sehen wir uns *heute* noch? Adjektiv: Der *heutige* Tag hat es in sich.

Das Adverb heißt auch Umstandswort, weil es auf die besonderen „Umstände" eines Geschehens oder einer Aussage eingeht. Dabei unterscheidet man vier Gruppen:

Lokaladverb (Ort Richtung)	Der Weg geht *unten* weiter. Wo? *Dorthin* führt kein Weg. Wohin?
Temporaladverb (Zeit, Dauer)	Wir sprachen *gestern* mit ihm. Wann? Ich bin *immer* für dich da. Er besuchte uns *oft*.
Modaladverb (Art und Weise)	Wir gehen *gerne* ins Kino. Ich muss mich *leider* entschuldigen. Diese Frage lässt sich *kaum* lösen.
Kausaladverb (Grund)	Es regnet; *deshalb* bleiben wir daheim. Der Strom war ausgefallen, *daher* ging die Klingel nicht.

74 Verwendung im Satz

Das Adverb kann im Satz verschiedene Aufgaben übernehmen.

Adverbiale (Satzglied)	Ich möchte *sofort* mit dir reden.
Präpositionalobjekt (Satzglied)	*Darüber* möchte ich nicht reden.
Attribut (Satzgliedteil)	
– beim Nomen	der Brunnen *dort*
– bei einem Adjektiv	eine *sehr* schwere Arbeit
– bei einem Adverb	Er hilft mir *fast* immer.
Einleitewort zu einem Fragesatz	*Warum* schweigst du? Weißt du, *wie* es ihm geht?
Einleitewort zu einem Relativsatz	An der Stelle, *wo* der Fluss nicht so tief ist, kommen wir leicht hinüber.

75 Komparation des Adverbs

Nur wenige Adverbien können Vergleichsstufen bilden.

Positiv (Grundstufe)	Komparativ (Vergleichsstufe)	Superlativ (Höchststufe)
sehr	mehr	am meisten (meist, meistens)
gerne	lieber	am liebsten
bald	eher	am ehesten (ehestens)
oft	öfter (öfters)	am öftesten

76 Pronominaladverb

Das Pronominaladverb kann in einem Sinnzusammenhang, der bekannt ist, für einen anderen präpositionalen Ausdruck stehen.

Das Pronominaladverb bezieht sich auf ein Nomen,	über diesen Antrag: *Darüber* müssen wir noch abstimmen.
auf einen ganzen Satz,	Er blieb doch noch. *Damit* hatte ich nicht gerechnet.
auf einen satzwertigen Infinitiv.	Um mir dies zu sagen, *dafür* hättest du nicht zu kommen brauchen.

! Wenn sich ein präpositionaler Ausdruck auf eine Person bezieht, dann kann er nicht durch ein Pronominaladverb ersetzt werden:
Habt ihr schon *darüber* gesprochen, wohin ihr in die Ferien fahrt?
aber Über Franz kann man verschiedener Meinung sein; doch man sollte nicht in seiner Abwesenheit *über ihn* reden.

77 Bildung von Adverbien

Einfache Adverbien	bald, gern, kaum, jetzt, nicht, oft, sehr
Aus anderen Wortarten (mit Endung -s)	abends, anfangs, bereits, spätestens, eilends
Zusammengesetzte Adverbien:	
Adverb + Adverb	hierher, dorthin, immerfort
Adverb + Präposition	dazwischen, hierüber, wodurch
Präposition + Präposition	nebenan, obenauf, überaus
Präposition + Pronomen	deswegen, seitdem, unterdessen
Präposition + Nomen	beizeiten, bergauf, tagsüber
Zusammensetzung mit Endung -s	allenfalls, einstmals, zeitlebens
Erstarrte Wendungen	allezeit, einstweilen, möglicherweise

78 **Präposition**

Präpositionen kennzeichnen die Art, wie einzelne Teile der Aussage sich aufeinander beziehen.	(Ort:) Der Wagen steht in der Garage. (Richtung:) Wir fahren nach Rom. (Zeit:) Seit letzter Woche habe ich Urlaub. (Umstand:) Es ging nicht ohne seine Hilfe. (Grund:) Wenden Sie sich zwecks Nachfrage an unsere Auskunft!
Neben den „echten" Präpositionen gibt es Entlehnungen aus anderen Wortarten.	angesichts der Tatsache, dank deiner Hilfe, inmitten der Menge, zugunsten des Angeklagten, ungeachtet der Proteste

79 Kasus bei den Präpositionen

Präpositionen werden immer in Verbindung mit einem Nomen oder Pronomen gebraucht. Sie bestimmen den Kasus.	
Genitiv: innerhalb, wegen, trotz, zwecks	außerhalb des Geheges trotz erbitterten Widerstands innerhalb eines gewissen Limits
Dativ: bei, mit, nach, seit, von, zu	mit ihm, mit niemandem seit einigen Jahren
Akkusativ: bis, für, gegen, ohne, um, wider	für den sofortigen Gebrauch ohne fremde Hilfe

Präpositionen können ihrerseits von – einem Nomen, – einem Adjektiv, – einem Verb abhängig sein.	 die Sorge um die Kinder auf jemand eifersüchtig sein an etwas denken
Einige Präpositionen haben sowohl den Dativ als auch den Akkusativ nach sich.	Wohin? auf den Berg, in das Auto, vor das Haus Wo? auf dem Markt, in der Universität, vor dem Tor

80 Stellung der Präpositionen

Präpositionen stehen normalerweise vor dem Wort, dessen Kasus sie bestimmen. Einige Präpositionen können auch nachgestellt werden.	entlang des Flusses – den Fluss entlang nach meiner Meinung – meiner Meinung nach entsprechend seinem Vorschlag – seinem Vorschlag entsprechend

81 Verschmelzung mit dem Artikel

Bestimmte Präpositionen verschmelzen mit dem Artikel.	am Anfang, beim Lesen, im Zimmer, überm Wasser, unterm Boden, vom Dach, zum Bahnhof, ins Kino, fürs Erste

82 **Konjunktion**

Die Konjunktion gehört zu den nicht flektierbaren Wortarten. Man unterscheidet zwischen nebenordnenden und unterordnenden Konjunktionen.

Nebenordnende Konjunktionen verbinden gleichrangige Wörter, Sätze und Wortgruppen.	Katz und Maus Bleibst du oder gehst du? in einer kurzen, aber entscheidenden Rede
Unterordnende Konjunktionen verbinden Gliedsätze mit Hauptsätzen.	Er öffnete die E-Mail, obwohl ihm der Absender unbekannt war. Weil ihr der Absender unbekannt war, öffnete sie die E-Mail nicht. Wenn Sie den Absender nicht kennen, dann sollten Sie die E-Mail nicht öffnen.

83 Nebenordnende Konjunktionen

Die eigentlichen nebenordnenden Konjunktionen sind: und, aber, oder, sowohl … als auch usw.
Dazu kommen mit gleicher Aufgabe Adverbien wie dann, deshalb, trotzdem.
Im Einzelnen unterscheidet man folgende Funktionen:

anreihend (kopulativ): *und, auch, sowie, außerdem, weder … noch, sowohl … als auch*	Sie lachten und sangen laut.
ausschließend (disjunktiv): *oder, sonst, andernfalls, entweder … oder*	Sag mir seine Adresse, sonst kann ich ihn nicht einladen!
entgegensetzend (adversativ): *aber, doch, dennoch, jedoch, dagegen, sondern, trotzdem*	Sie hatte Fieber, trotzdem blieb sie nicht im Bett.
begründend (kausal): *daher, darum, denn, deshalb, nämlich*	Es regnete; deshalb blieben wir zu Hause.
Art und Weise (modal): *so … wie, desto, umso, je … desto, ebenso, als (bei Komparativ)*	Er galt nicht als Favorit; umso mehr strengte er sich an.

84 Unterordnende Konjunktionen

Unterordnende Konjunktionen bestimmen das Verhältnis des Gliedsatzes zum Hauptsatz. Im Einzelnen unterscheidet man folgende Funktionen:

zeitlich (temporal):	
nachzeitig: *bis, bevor, ehe*	Wir erfuhren davon, noch bevor es in der Zeitung stand (gestanden war).
gleichzeitig: *indem, seitdem, solange, sobald, sooft, während*	Ich bleibe hier, solange du willst.
vorzeitig: *als, sobald, seit, seitdem, nachdem*	Sobald ich mehr weiß, werde ich dich informieren.
Art und Weise (modal): *indem, ohne dass, statt dass, dadurch dass, als wenn, als ob*	Es regnete, als ob es kein Ende mehr nehmen wollte.
begründend (kausal): *da, zumal, weil*	Die Abstimmung wurde vertagt, weil sich keine Mehrheit fand.
folgend (konsekutiv): *dass, sodass, als dass*	Es war so laut, dass man sein eigenes Wort nicht mehr verstand.

bedingend (konditional): *wenn, sofern, falls*	Wenn ich kann, dann komme ich.
einräumend (konzessiv): *obgleich, obschon, wenn auch, obwohl*	Obwohl er Fieber hatte, kam er zur Sitzung.
entgegensetzend (adversativ): *wohingegen*	Du bist damit einverstanden, wohingegen ich ganz anderer Meinung bin.
beabsichtigt (final): *damit*	Ich trainiere täglich, damit ich fit bleibe.

!

Die Konjunktionen dass und ob sind schwer einzuordnen. Sie kennzeichnen meistens nur die Abhängigkeit des untergeordneten Satzes:
Ich vermute, dass du dich irrst. Ich weiß nicht, ob das so stimmt.

Wortarten im Überblick

Wortarten

- **flektierbare**
  - **deklinierbare**
    - Nomen
    - Artikel
    - Pronomen
    - Numerale
    - Adjektiv
  - **konjugierbare**
    - VerbInterjektion
- **nicht flektierbare**
  - Adverb
  - Präposition
  - Konjunktion

3 Satzlehre (Syntax)

3.1 Grammatikalische und inhaltliche Vollständigkeit

85

Ein Satz ist grammatikalisch vollständig, wenn alle Satzglieder, die vom Verb im Prädikat gefordert werden, besetzt sind.	fahren (intransitiv) Wer fährt? Der Zug fährt. fahren (transitiv) Wer fährt wen? Der Chauffeur fährt den Chef. Wer fährt was? Mein Bruder fährt einen Diesel.
Zur inhaltlichen Vollständigkeit gehören weitere Satzglieder. Sie präzisieren den Inhalt.	Unsere Vereinsmitglieder fahren morgen um 9 Uhr mit dem ICE nach München. Herr Müller fährt seit über 20 Jahren unfallfrei. Kannst du mich zum Bahnhof fahren? Fahr den Wagen doch bitte in die Garage!

3.2 Satzglieder

86

Sätze haben eine Struktur. Sie haben Satzglieder, die aus einem einzelnen Wort oder aus einer Wortgruppe bestehen.	Bei uns / beginnen / heute / die Ferien. Seit langem / traf /ich / wieder einmal / meinen alten Schulfreund.	
Die Satzglieder lassen sich durch die Verschiebe- oder Ersatzprobe ermitteln; denn Satzglieder können jeweils nur als Ganzes verschoben oder ersetzt werden.	Bei uns / beginnen/ heute / die Ferien. Heute / beginnen/ bei uns / die Ferien. Die Ferien / enden / morgen / bei uns. Die Ferien / enden / bei uns / morgen.	
Im Einzelnen unterscheidet man		
das Prädikat,	(Aussage)	Die Firma *zahlt* gut.
das Subjekt,	Wer?	*Wer* geht ans Telefon?
die Objekte,	Wessen ?	Er nahm sich *seiner* an.
	Wem?	Gib *mir* bitte einen Zettel
	Wen?	Ich kenne *den Besitzer*.
	Worauf?	Hör *auf meinen Rat*.
das Adverbiale,	Wann?	Sie fuhren *nachts*.
das Prädikativum.	(Gleichsetzung)	Pia ist *meine Schwester*.

Prädikat

87

Jeder grammatikalisch vollständige Satz hat ein Prädikat. Es ist das wichtigste Satzglied; denn von ihm hängt der Aufbau des Satzes ab. Im Unterschied zu den anderen Satzgliedern kann es nicht frei verschoben werden.
Das Prädikat wird aus Verben gebildet und durch die Merkmale der Konjugation (Person, Numerus, Tempus, Modus, Genus des Verbs) bestimmt.
Das Prädikat stimmt in Person und Numerus immer mit dem Subjekt überein: Er liest / sie lesen die Zeitung.

88 Einfaches und zusammengesetztes Prädikat

Das Prädikat kann einteilig (einfaches Prädikat) oder mehrteilig (zusammengesetztes Prädikat) sein.	Der Löwe *brüllt*. Wer *hat* gestern *angerufen*?
Das einfache Prädikat besteht aus der Personalform des Verbs.	Wir *kommen*, ihr *geht*.
Das mehrteilige Prädikat besteht aus der Personalform (bestimmter, finiter Prädikatsteil) und aus dem unbestimmten (infiniten) Prädikatsteil.	*Hast* du mit ihm *gesprochen*? ↓ finiter Teil ↓ infiniter Teil

! „finit" bedeutet hier *durch die Angabe zur Person bestimmt;* „infinit" bedeutet *nicht durch die Angabe zur Person bestimmt,* also unbestimmt.

89 Infinite Prädikatsteile

Infinite Prädikatsteile können sein:

Infinitiv	Ich werde dir *schreiben*. Wann kann ich die Wäsche *abholen*? Hast du mir nichts *zu sagen*?
Partizip II	Ich habe die Stelle *gefunden*. Der Verkehr wurde *umgeleitet*. Der Laden war *geschlossen*.

»

Vorsilben (Präfix) trennbarer Verben	Er brachte mir den Atlas *zurück*. So etwas kommt nicht mehr *vor*. Bitte tragen Sie die fehlenden Angaben noch *nach*!
freie Verbzusätze	Sie hielten an ihrer Meinung *fest*. Er gab sich mit dem zweiten Platz *zufrieden*. Die Uhr stand *still*.

90 Stellung der Prädikatsteile im Aussagesatz

Im Aussagesatz stehen der finite Prädikatsteil an der zweiten Stelle und der infinite Prädikatsteil am Schluss des Satzes. Die Prädikatsteile bilden eine Klammer.

Klammer

Die Wissenschaftler *haben* den Versuch im Labor *wiederholt*.

↓ finiter Prädikatsteil (Personalform) ↓ infiniter Prädikatsteil

91 **Subjekt**

Das Subjekt ist der Gegenstand des Satzes, über den das Prädikat etwas aussagt.

Im Aussagesatz steht das Subjekt vor dem Prädikat.	*Meine Eltern* fahren auch dieses Jahr mit uns ans Meer.
Wenn ein anderes Satzglied (außer dem Prädikat) an den Satzanfang gestellt werden soll, dann folgt das Subjekt nach dem Prädikat (bzw. finiten Prädikatsteil).	Auch dieses Jahr fahren *meine Eltern* mit uns ans Meer. Auch dieses Jahr werden *meine Eltern* mit uns ans Meer fahren. Ans Meer fahren *die Eltern* auch dieses Jahr mit uns.
Bei intransitiven Verben, besonders bei den „Wetterverben", kann ein persönliches Subjekt fehlen. Dann steht „es" als Platzhalter.	*Es* hat dieses Jahr viel geregnet. Dieses Jahr hat *es* viel geregnet.

92 Wortarten im Subjekt

Das Subjekt können folgende Wortarten oder Formen bilden:	
Nomen	*Der Antrag* wurde abgelehnt.
Pronomen	*Niemand* konnte das ahnen.
Numerale	*Viele* enthielten sich der Stimme.
Adjektiv	*Wichtiges* wurde übersehen.
Nominalisierung	*Das Für und Wider* hielt sich die Waage.
infinite Verbformen	*Irren* ist menschlich. *Aufgeschoben* ist nicht aufgehoben.

93 Objekte

Nicht alle Sätze sind bereits vollständig, wenn sie aus Subjekt und Prädikat bestehen. Die meisten Verben fordern für die Vollständigkeit des Satzes weitere Satzglieder; sie heißen Objekte.

Objekte können aber auch die Aussage des Satzes erweitern, ohne dass sie vom Verb gefordert werden.

Man unterscheidet:	
Genitivobjekt	Sie bedürfen *unserer Hilfe.*
Dativobjekt	Ich will *dir* vertrauen.
Akkusativobjekt	Sie zeigten uns *den Weg.*
Präpositionalobjekt	Ich verlasse mich *auf dein Fachwissen.* Kümmere dich bitte *um deine Gäste*!

94 Genitivobjekt

Zum Genitivobjekt führt die Frage: Wessen?	Er nahm sich *der Sache* an.
Es wird aber nur noch selten gebraucht und meistens durch einen präpositionalen Ausdruck (Präpositionalobjekt) ersetzt.	Er erinnerte sich kaum *seiner Großeltern.* Er erinnerte sich kaum an *seine Großeltern.*
Nur wenige Verben verlangen noch den Genitiv nach sich, z.B. anklagen, beschuldigen, entbehren, sich enthalten, sich rühmen, überführen.	Einige Abgeordnete enthielten sich *der Stimme.* Der Vorwurf entbehrt *jeglicher Grundlage.*
In Redewendungen findet man noch öfter den Genitiv.	Er besann sich *eines Besseren.* Das spottet wirklich *jeder Beschreibung.*

95 Dativobjekt

Zum Dativobjekt führt die Frage: Wem?	Das Angebot entsprach *den Erwartungen.*
Im Deutschen spricht man auch von „Zuwendgröße“. Das Dativobjekt steht bei intransitiven Verben oder bei Verben, die zwei Objekte fordern.	Er widmete sich ganz *seinem Beruf.* Viele folgten *dem Aufruf.* Sie brachte *mir* die Rechtschreibung bei.

96 Akkusativobjekt

Zum Akkusativobjekt führt die Frage; Wen oder was?	Ich habe *mein Passwort* vergessen.
Es steht bei transitiven Verben. Da die Handlung unmittelbar auf etwas gerichtet ist, spricht man auch von „Zielgröße“.	Wir werden *eine Lösung* finden.
Einige Verben können zwei Akkusativobjekte haben: *lehren, kosten, nennen, heißen, schelten, rufen.*	Das kostet *ihn viel Mühe.* Er nennt *mich einen Faulenzer.*

97 Präpositionalobjekt

Das Verb im Prädikat fordert eine bestimmte Präposition, die eng an das Verb gebunden ist.	Kümmere dich bitte *um die Gäste!* Sie braucht sich *vor niemandem* zu verstecken.
! Präpositionalobjekt: Notwendige Verbindung zwischen Verb und Präposition. Adverbiale: Keine notwendige Verbindung; die Präposition kann wechseln.	Wer hat schon *mit diesem Ergebnis* gerechnet? Wir rechnen *mit dem Taschenrechner.* Wir rechnen *ohne Taschenrechner.*

98 **Adverbiale**

Das Adverbiale ist nicht unmittelbar vom Verb im Prädikat abhängig. Es bestimmt oder erläutert die Umstände eines Geschehens oder einer Aussage.	Wann? Erwarte mich *heute / gegen Abend!* Wo? Ich warte auf dich *hier / im Büro.* Womit? Er fuhr *mit dem Zug / im Auto.*

Das Adverbiale bezieht sich auf den Inhalt des ganzen Satzes.	Es regnete *in Strömen / vielleicht / kaum / nicht mehr.* *Bei schönem Wetter / auf jeden Fall / morgen* findet das Spiel statt.

99 Wortarten und Wortgruppen im Adverbiale

Das Adverbiale kann aus folgenden Wortarten oder Wortgruppen bestehen:	
Adverb	Ich sehe ihn *oft.*
Adjektiv	Das Flugzeug flog *schnell.*
Nomen im Genitiv	*Nachts* schlafen die Ratten doch.
Nomen im Akkusativ	Sie spielten *jeden Tag* zwei Runden.
Adjektiv im erstarrten Genitiv	Wir wurden *des Langen und Breiten* informiert.
Präposition mit Nomen (und Adjektiv)	*Mit dieser Ausrede* kommst du bei mir nicht durch. *Ohne festes Schuhzeug* sollte man nicht wandern.
Pronominaladverb	*Davon* kann man kaum leben.
Präposition und Adjektiv (endungslos)	*Über kurz oder lang* müssen wir eine Lösung finden.
Präposition und substantivierter Infinitiv	*Mit bloßem Raten* kommst du nicht weiter.

100 Bedeutungsbereiche

Die Umstände, die durch das Adverbiale näher bestimmt werden, lassen sich in mehrere Bedeutungsbereiche untergliedern.	
Lokaladverbiale	
– Ort	Der Parkplatz lag *rechts.*
– Richtung	Der Lkw fuhr *nach rechts.*
Temporaladverbiale (Zeit)	*Seit längerem* steht die Wohnung leer.
Modaladverbiale (Art und Weise)	Sie sprach *akzentfrei.*
Kausaladverbiale (Grund)	*Aus Höflichkeit* schwieg er.
Instrumentaladverbiale (Mittel)	Er konterte *mit guten Argumenten.*
Konditionaladverbiale (Bedingung)	*Bei Rot* ist der Übergang gesperrt.
Konzessivadverbiale (Einräumung)	*Trotz einiger kleiner Rechtschreibfehler* ist der Aufsatz mit der Note gut zu bewerten.

»

Konsekutivadverbiale (Folge)	*Zur Überraschung aller* gewann er doch noch.
Finaladverbiale (Zweck, Ziel)	*Für einen Neubau* reicht das Geld noch nicht aus.

101 Prädikativum

Das Prädikativum ist ein Satzglied; es bezeichnet eine Gleichsetzung, die sich auf das Subjekt bezieht:

Lina	*ist*	*unsere neue Klassensprecherin.*
	↑	
Subjekt	→ = ←	Prädikativum

! In der lateinischen Grammatik spricht man vom Prädikatsnomen: ein Nomen (auch Adjektiv), das Teil des Prädikats ist: Caesar est imperator.

102 Formen des Prädikativums

Das häufigste Gleichsetzungszeichen sind die Formen des Hilfsverbs „sein". Weitere Möglichkeiten bieten die Verben „werden", „bleiben", „heißen" und „scheinen": Franz ist heiser. Er wird krank.

Das Prädikativum kann aus verschiedenen Wortarten bestehen:

Nomen im Nominativ	Erwin ist *unser Torwart.*
Pronomen oder Numerale	In unserm Klub waren wir *viele.*
Adjektiv (endungslos)	Das Spiel wurde allmählich *spannend.*
Adverb	Manches war damals *anders.*
Bildung mit Genitiv	Wir waren nicht immer *einer Meinung.*
präpositionaler Ausdruck	Er blieb kurz *ohne Bewusstsein.*
Vergleich	Er war einwandfrei *besser als du.*
	Sie war *wie ihre Mutter.*

103 Satzglieder zweiten Grades

Satzglieder, die unmittelbar von einem Prädikativum abhängen, nennt man Satzglieder zweiten Grades, um sie von den anderen Satzgliedern (1. Grades) zu unterscheiden.

Der Trainer	war	mit seiner Mannschaft	zufrieden.
		↑	↓
Subjekt	Prädikat	Präpositionalobjekt (2. Grades)	Prädikativum

Satzglieder zweiten Grades können sein:	
Genitivobjekt	Zufällig waren sie *einer Meinung*.
Dativobjekt	Ich bin *euch* gewogen.
Akkusativobjekt	Mancher war *die Kälte* nicht gewohnt.
Präpositionalobjekt	*Auf seine Reaktion* bin ich neugierig.
Adverbiale	Früher war manches *anders*.

104 Satzgliedreihe

Ein Satzglied kann mehrfach besetzt sein: Sie *sangen, tanzten und feierten* fröhlich in den Mai hinein. *Gas und Strom* sind etwas billiger geworden. Sie wehrten sich *mit Händen und Füßen*. Die Datei ließ sich *weder über Word noch mit dem Acrobat Reader* öffnen.

105 Satzgliedteil – Attribut

Das Attribut ist kein Satzglied, sondern Teil eines Satzgliedes. Es kann nur zusammen mit dem Bezugswort, dem es beigefügt ist, verschoben werden.	Bezugswort: Wunsch Auf *vielfach geäußerten* Wunsch wird die Vorstellung wiederholt. Die Vorstellung wird auf *vielfach geäußerten* Wunsch wiederholt.
Das Attribut kann vor und/oder nach dem Bezugswort stehen.	Bezugswort: Kante An der *scharfen* Kante *der Dose* kann man sich leicht verletzen.
Ausführliche Ergänzungen zum Bezugswort haben den Kasus des Bezugsworts; sie stehen zwischen zwei Kommas. Man nennt sie Appositionen (Beifügungen).	Akkusativ: Neulich trafen wir Herrn Leibfried, einen alten Schulkameraden unseres Vaters. Dativ: An diesem Montag, einem kalten Oktobertag, begannen die Herbstferien.

106 Zuordnungen des Attributs

Bezugswörter für das Attribut können sein:	
Nomen	ein tiefer *Schacht*, der *Laden* an der Ecke
Pronomen, Numerale	*jeder* hier, *viele* unter uns
Adjektiv	sehr *traurig*, ziemlich *klein*
Adverb	ganz *vorne*, *oben* im Dach
infinite Verbform	schwach *schimmernd*, etwas *versteckt*

107 Wortarten und Wortgruppen im Attribut

Das Attribut können bilden:	
Nomina	die Straßen *der Hauptstadt*, die Silos *an der Themse*
Pronomina, Numeralia	*unsere* Schule, *viele* Gründe
Adjektive	ein *langer* Gang, Hänschen *klein*, eine *wichtige* und *folgenreiche* Entscheidung
Adverbien	Der Baum *dort* ist krank.
infinite Verbformen	die Kunst *zu lesen*, ein *verlorenes* Spiel

Adjektive vor einem Nomen als Bezugswort werden dekliniert (vgl. 41–44).
Schwache Deklination mit Artikel oder Pronomen: auf dem hohen Berg, an dieser verkehrsreichen Straße
Starke Deklination ohne Artikel oder Pronomen: großer Schaden, auf festem Grund

! Da das Attribut überwiegend aus Adjektiven gebildet wird, kommt es oft zu der falschen Gleichsetzung der Begriffe „Adjektiv" und „Attribut".

3.3 Satz

108

Ein Satz ist die kleinste syntaktische (Syntax) und inhaltliche Einheit. Er steht zwar meistens in einem größeren Zusammenhang, aber er kann auch für sich allein stehen: Ampeln regeln den Verkehr.

Ein Satz besteht aus Satzgliedern; sie sind die „Bausteine" eines Satzes. Subjekt und Prädikat bilden das Grundgerüst, das mit Objekten und/oder Adverbialia „ausgebaut" werden kann:

Bei Ausschachtungen /	entdeckten /	die Bauarbeiter /	einen mittelalterlichen Brunnen.
Adverbiale	Prädikat	Subjekt	Akkusativobjekt

109 **Satzarten**

Nach Form und Aussageabsicht werden vier Satzarten unterschieden:

Aussagesatz
Fragesatz
Aufforderungssatz
Ausrufesatz.

110 Aussagesatz

Der Aussagesatz ist eine Satzart, in der etwas ausgesagt, behauptet, festgestellt oder mitgeteilt wird; er ist die häufigste Satzart.	
Im Aussagesatz stehen das Subjekt gewöhnlich an der ersten und das einfache Prädikat an der zweiten Stelle.	Gerhard geht öfters ins Stadion. ↓ ↓ Subjekt Prädikat
Der erste Platz kann auch je nach Betonung von einem anderen Satzglied (außer dem Prädikat) eingenommen werden. Das Subjekt folgt dann nach dem Prädikat. Diese Umstellung nennt man auch Inversion.	Du findest alle Informationen in dem Artikel. In dem Artikel findest du alle Informationen. Alle Informationen findest du in dem Artikel.
Beim zusammengesetzten Prädikat bleibt der finite Prädikatsteil an der zweiten Stelle, der infinite kommt an das Satzende.	Er *schrieb* sich alles *auf.* Ich *habe* mich wohl deutlich *ausgedrückt.* Sie *wird* sich nach der Ankunft *melden.*

111 Fragesatz

Beim Fragesatz wird zwischen Entscheidungsfragen und Ergänzungsfragen unterschieden.	
Die **Entscheidungsfrage** bezieht sich auf den Inhalt des ganzen Satzes. Deshalb spricht man auch von einer Satzfrage. Die Frage kann bejaht, verneint oder ausweichend beantwortet werden.	Gehst du auch zum Vortrag? Hast du noch Fragen? Kann ich mich auf deine Auskunft verlassen?
Das einfache Prädikat bzw. der finite Prädikatsteil leitet die Frage ein.	Passiert das öfters? Öffnet sich das Tor automatisch? Bleibt es bei dem vereinbarten Termin?
Der infinite Prädikatsteil steht am Satzende.	Kommst du noch nach? Halten Sie an Ihrer Aussage fest? Habt ihr das wirklich geglaubt? Darf ich Sie an den Termin erinnern?

»

Mit der **Ergänzungsfrage** möchte man eine zusätzliche Auskunft zu bereits Bekanntem haben: Man möchte etwas noch genauer wissen. Da für die Antwort oft ein ergänzendes Wort, eine kurze Bemerkung ausreicht, spricht man auch von einer Wortfrage. Ergänzungsfragen beginnen mit einem Fragewort.	Wann treffen wir uns? Woher soll ich das wissen? Warum gehst du nicht mit? Wie hat Alexander den Gordischen Knoten gelöst?
Das einfache Prädikat bzw. der finite Prädikatsteil stehen an zweiter Stelle, der infinite Prädikatsteil am Satzende.	Wie schließt man den Tresor auf? Weshalb hast du mich gerufen?

112 Aufforderungssatz (Wunsch- oder Befehlssatz)

Aufforderung, Bitte, Wunsch oder Befehl richten sich an jemand mit der Absicht, ihn zu einer Reaktion zu bewegen.	Gehen Sie bitte weiter! Haben Sie bitte etwas Geduld! Bleib doch noch hier! Gib mir sofort den Schlüssel zurück!
Bei der zweiten Person Singular und Plural wird das Subjekt (der Angesprochene) nicht ausdrücklich genannt.	Fang noch einmal an! Singt bitte alle Strophen!
Nur bei besonderer Betonung und in der Höflichkeitsform werden die Angesprochenen genannt.	Sag du es ihm! Lassen Sie sich nicht beeinflussen!
Das einfache Prädikat und der finite Prädikatsteil leiten den Satz ein, der infinite Prädikatsteil schließt ihn ab.	Frag nicht so viel! Hört euch nur diesen Lärm an!
Die Aufforderung lässt sich auch noch anders ausdrücken; dabei ändert sich der „Stärkegrad“:	
Aussagesatz im Konjunktiv	Du könntest dich auch mal wieder rühren!
Aussagesatz	Du bleibst jetzt hier!
Infinitiv	Nicht berühren!
Satzfrage	Könnten Sie mir bitte die Milch herüberreichen?
Nebensatz (verkürztes Satzgefüge)	Wenn er nur endlich käme!
Kurzsatz	Schluss jetzt! Stillgestanden!

113 Ausrufesatz

Der Ausrufesatz kann nur inhaltlich als eigene Satzart gelten; denn das Prädikat steht je nach Betonung an verschiedenen Stellen:
Du bis heute aber gut in Form! Spielt er nicht einfach optimal! Wie kann man nur so ungeschickt sein!

114 Kurzsätze

Kurzsätze sind unvollständige Sätze, die nur in der Gesprächssituation oder im Textzusammenhang einen Sinn ergeben. Sie bestehen teilweise nur aus einzelnen Wörtern.	Vorsicht! Na, endlich! Herein! Einverstanden? Sonst noch etwas? Also, dann bis bald.

115 Satzreihe

Die Satzreihe ist eine Nebenordnung (Parataxe) gleichrangiger Sätze.	
Man unterscheidet zwischen – einer Verbindung mit Konjunktion (syndetisch)	Die Nacht brach ein (,) und es wurde finster. Der Zug hatte zwar Verspätung, aber wir kamen doch noch rechtzeitig zum Spiel.
und – einer Verbindung ohne Konjunktion (asyndetisch).	Es läutete zum dritten Mal, der Vorhang ging auf. Ich nahm den Hörer ab; es meldete sich niemand.

116 **Hauptsatz und Nebensatz**

Haupt- und Nebensatz bilden ein Satzgefüge.	
Der Hauptsatz ist der übergeordnete Satz; er kann auch allein stehen.	Ich muss mich beeilen. Ich will noch einiges einkaufen. Die Läden machen bald zu.
Der Nebensatz kann nicht allein stehen. Er ist vom Hauptsatz abhängig.	Ich muss mich beeilen, weil ich noch einiges einkaufen will und die Läden bald zumachen. Weil die Läden bald zumachen, muss ich mich beeilen; denn ich will noch einiges einkaufen.

»

Bei den Aufgaben der Nebensätze unterscheidet man zwischen Gliedsätzen und Attributsätzen. Der **Gliedsatz** übernimmt die Aufgaben eines Satzgliedes.	*Unter diesen Umständen* ziehe ich meinen Antrag zurück. *Wenn sich keine Mehrheit findet*, ziehe ich meinen Antrag zurück.
Der **Attributsatz** kann ein Attribut ersetzen.	Die Burg *auf dem Berg* ist noch bewohnt. Die Burg, *die auf dem Berg steht*, ist noch bewohnt.

117 Gliedsatz und Satzglied

In einem Gliedsatz können mehr Informationen wiedergegeben werden als in einem Satzglied.

Satzglied	Gliedsatz
Mit diesem Zeugnis bekommst du bestimmt eine Lehrstelle.	*Wenn du morgen dieses Zeugnis in der Redaktion vorlegst*, nehmen sie dich bestimmt.
Lies den Vertrag *vor Abschluss* genau durch!	Lies den Vertrag, *bevor du ihn endgültig unterschreibst*, genau durch!

118 Attributsatz und Attribut

Der Attributsatz bezieht sich wie das Attribut auf ein Bezugswort des übergeordneten Satzes, das er aber ausführlicher als ein Attribut erläutert.

Attributsatz	Attribut
Er fährt ein Auto, *das beim nächsten TÜV-Termin bestimmt nicht mehr über die Runden kommt*.	Er fährt ein *schrottreifes* Auto.
Die einzige Straße, *auf der man mit dem Auto zum Marktplatz kommt*, bleibt für eine Woche gesperrt.	Die Zufahrt *zum Marktplatz* bleibt für eine Woche gesperrt.
Unser Sommerfest, *das jedes Jahr Ende Juli stattfindet*, musste heuer ausfallen.	Das *jährliche* Sommerfest musste heuer ausfallen.

119 Eingeleitete Nebensätze

Nebensätze können mit einem Einleitewort beginnen: Konjunktion	*Wenn* du noch mitfahren willst, musst du dich aber etwas beeilen.
Pronomen	Der Flug, *den* ihr gebucht habt, fällt aus.
Adverb	Weißt du, *wo* man umbuchen kann?
Eingeleitete Nebensätze sind meistens daran zu erkennen, dass das Prädikat am Schluss steht (Endstellung).	Hoffen wir, dass alles stimmt. Obwohl ich meine Einwände mitgeteilt habe, stimme ich doch zu.
Bei zusammengesetzten Prädikaten steht der infinite Prädikatsteil vor dem finiten.	Ich habe keine Ahnung, warum man sich so *verrechnet* hat.
Zu den eingeleiteten Nebensätzen gehören: Konjunktionalsätze	*Damit* ihr zufrieden seid, komme ich mit. *Sobald* ich Genaueres weiß, rufe ich dich an.
Relativsätze	Das Startgeld, *das* zu zahlen war, übernahm der Verein. Den Tag, *an dem* er das Rennen gewann, wird er nie vergessen.
indirekte Fragesätze	(Wer gewinnt heute?) Es ist schwer zu sagen, *wer* heute gewinnt. (Spielt er oder spielt er nicht?) Es steht noch nicht fest, *ob* er spielt.
! Beim irrealen (unwirklichen) Vergleichssatz steht das Prädikat bzw. der finite Prädikatsteil unmittelbar nach der Konjunktion.	Tu doch nicht so, als wüsstest du überhaupt nichts davon! Schau nicht so, als hättest du noch nie etwas davon gehört!

120 Nebensätze ohne Einleitung

Bei einem Konditionalsatz ohne Konjunktion nimmt das Prädikat bzw. der finite Prädikatsteil die erste Stelle ein. Der infinite Prädikatsteil steht am Schluss.

»

Konditionalsatz mit Einleitungswort:	Konditionalsatz ohne Einleitungswort:
Wenn du dich anders entscheidest, dann sag es mir! Wenn ich es wüsste, ich würde es dir sagen.	Solltest du dich anders entscheiden, dann sag es mir! Wüsste ich es, dann würde ich es dir sagen. Hätte ich es gewusst, hätte ich es dir auch gesagt.
Nach den Verben des Sagens und Denkens kann die indirekte Rede auch ohne Einleitungswort stehen. Der Satz ist dann wie ein Aussagesatz aufgebaut.	Er sagte: „Ich kann bald wieder spielen." Er meinte, er könne bald wieder spielen.

121 Verkürzte Nebensätze

In verkürzten Nebensätzen fehlt das Prädikat; es wird durch infinite Verbformen ersetzt.	
Infinitivsatz (satzwertiger Infinitiv):	*Ohne lange zu zögern*, packte er mit an.
Partizipialsatz (satzwertiges Partizip):	*Von allen verlassen*, musste er sich selbst helfen.
Bei gleichem Subjekt im Haupt- und Nebensatz kann an Stelle des Nebensatzes ein **satzwertiger Infinitiv** stehen.	Gliedsatz → satzwertiger Infinitiv: *Er* hatte Mühe, dass *er* bis zum Ende durchhielt. Er hatte Mühe, bis zum Ende durchzuhalten.
Dies gilt auch für das unpersönliche Subjekt „man".	Attributsatz → satzwertiger Infinitiv: Die Zusage, dass man den Vertrag verlängere, gilt nur kurze Zeit. Die Zusage, den Vertrag zu verlängern, gilt nur kurze Zeit.
Bei verschiedenem Subjekt ist der satzwertige Infinitiv nur dann möglich, wenn keine Missverständnisse auftreten können.	*Sie* riet mir, dass *ich* die Vokabelliste nochmals genau durchlese. Sie riet mir, die Vokabelliste nochmals genau durchzulesen.
Viele satzwertigen Infinitive beginnen mit den Einleitungen „um zu", „ohne zu" oder „(an)statt zu".	Anstatt lange auf die richtige Antwort zu warten, sah er im Lexikon nach.

Das **satzwertige Partizip** ist endungslos. Das gedachte Subjekt ist meistens das Subjekt des übergeordneten Satzes.	Der Versuch, mehrmals verändert, gelang endlich.
Teilweise wird die Konjunktion beibehalten.	Obwohl noch nicht fest in die Mannschaft eingebaut, holte sie den ersten Punkt.

! Zu den verkürzten Nebensätzen kann man auch unvollständige Nebensätze zählen wie: *Obwohl nur im mittleren Feld*, wollte er nicht zu früh aufgeben.

122 Funktionen der Nebensätze

Bei der Beschreibung, welche Aufgaben Nebensätze übernehmen können, unterscheidet man zwischen Gliedsätzen und Attributsätzen.
Gliedsätze vertreten ein Satzglied des übergeordneten Satzes.
Attributsätze übernehmen die Aufgaben eines Attributs.

123 Gliedsätze

Es gibt so viele Arten von Gliedsätzen wie Arten von Satzgliedern:
Subjektsatz, Objektsatz, Adverbialsatz, Prädikativsatz

124

Der **Subjektsatz** lässt sich durch „Wer?" oder „Was?" erfragen.	Diese Aussage ist mir unverständlich. Dass er das gesagt haben soll, ist mir unverständlich.
Nach der Form kann der Subjektsatz sein:	
ein Konjunktionalsatz	Es stimmt, dass ich dagegen war.
ein Relativsatz	Wer anderer Meinung ist, möge sich melden.
ein indirekter Fragesatz	Wie du das schaffen willst, ist mir ein Rätsel.
ein Infinitivsatz (satzwertiger Infinitiv)	Darauf eine Antwort zu verlangen, ist wohl zu viel verlangt.
Oft wird auf den Subjektsatz durch das Pronomen „es" hingewiesen.	*Es* hat keinen Sinn, sich darüber nachträglich noch groß Gedanken zu machen.

125

Der Begriff **Objektsatz** umfasst alle Gliedsätze, die für ein Objekt im übergeordneten Satz stehen.	*Wessen?* Er wurde beschuldigt, dass er Fahrerflucht gegangen habe. *Wem?* Wer es wissen will, dem sage ich es. *Wen oder was?* Ich weiß nicht, ob es stimmt. *Wofür?* Wer haftet uns (dafür), dass es nicht schief geht?
Der Form nach kann der Objektsatz sein:	
ein Konjunktionalsatz	Ich vermute, dass es am Rechner liegt.
ein Relativsatz	Du kannst dir aussuchen, was du möchtest.
ein indirekter Fragesatz	Ich kann nicht sagen, ob heute schulfrei ist.
ein Nebensatz ohne Einleitung	Ich schätze, es wird noch etwas dauern.
ein Infinitivsatz (satzwertiger Infinitiv)	Wir hatten eigentlich vor, gemeinsam in den Urlaub zu fahren.

126

Adverbialsätze sind der Form nach meistens Konjunktionalsätze. Dem Inhalt nach werden sie wie das Adverbiale untergliedert.

Temporalsatz (Zeit)	Wir trafen uns, als wir die Zeugnisse bekamen.
Lokalsatz (Ort, Richtung)	Wir parkten, wo es nichts kostete.
Modalsatz (Art und Weise)	Man sollte nicht eintreten, ohne dass man vorher anklopft.
Instrumentalsatz (Mittel)	Indem er eine Wasserwaage anlegte, konnte er das Bild genau ausrichten.
Kausalsatz (Grund)	Der Drucker streikte, weil das Papierfach leer war.
Konditionalsatz (Bedingung)	Wenn die Vertragsländer den vereinbarten FCKW-Stopp nicht einhalten, wird sich das Ozonloch über dem Südpol dramatisch vergrößern.
Konzessivsatz (Einräumung)	Obwohl die Feuerwehr sofort zur Stelle war, konnte das Feuer nur mit Mühe eingedämmt werden.

Adversativsatz (Gegensatz)	Während ständig mit Entlassungen gedroht wird, steigen unverändert die Aktienkurse.
Konsekutivsatz (Folge)	Er sprach so schnell, dass ihn kaum jemand verstand.
Finalsatz (Zweck)	Gehen Sie bitte zur Seite, damit der Konvoi weiterfahren kann!

127

Der **Prädikativsatz** als Gleichsetzung kommt seltener vor.	Prädikativum: Er ist treu. Prädikativsatz: Er ist, was man eine treue Seele nennt.

128 Einbau des Gliedsatzes in den übergeordneten Satz

Der Gliedsatz ist im Satzgefüge, je nach seiner Stellung, ein Vorder-, Zwischen- oder Nachsatz.

Vordersatz	*Falls sich noch etwas ändern sollte*, informiert mich!
Zwischensatz	Ich könnte, *wenn ihr es wünscht*, noch Karten für das Konzert besorgen.
Nachsatz	Es steht noch nicht fest, *ob und wann er spielt*.

! Wenn in einem Aussagesatz ein Gliedsatz die erste Position einnimmt, dann folgt das Subjekt nach dem Prädikat:

Da es eilt,	übernehme	*ich selbst*	den Transport.
Adverbialsatz	Prädikat	Subjekt	Akkusativobjekt.

129 Gliedsatzreihe

Die Gliedsatzreihe ist eine nebenordnende Aufzählung von Gliedsätzen, die für ein und dasselbe Satzglied des übergeordneten Satzes steht.	Er hielt bis zum Schluss durch, obwohl er Schmerzen hatte und (obwohl) der Knöchel angeschwollen war. Wir erfuhren, dass er verletzt war, aber trotzdem gestartet war.

»

Die Stelle im Satz kann auch von einem Satzglied und einem Gliedsatz eingenommen werden.	Trotz der Schmerzen und obwohl der Knöchel anschwoll, hielt er durch.

130 Attributsätze

Der Attributsatz ist ein Nebensatz; er steht für ein Attribut. Er bezieht sich wie das Attribut auf ein Bezugswort des übergeordneten Satzes, das er jeweils näher erläutert. Er kann aus verschiedenen Formen des Nebensatzes gebildet sein.	
Relativsatz	Sie nahmen einen *Kredit* auf, *den sie in Raten zurückzahlen wollten.*
Konjunktionalsatz	Die *Befürchtung, dass die Tilgung schwierig werden könnte*, war nicht falsch.
indirekter Fragesatz	Aber die *Frage, ob die Anschaffung unbedingt sein musste*, stellten sie sich zu spät.
Infinitivsatz	Deshalb kamen sie zu dem *Entschluss, künftiger etwas vorsichtiger zu sein.*
Partizipialsatz	Doch der *Kauf eines neuen Wagens, immer wieder verschoben*, ließ alle guten Vorsätze verstummen.

131 Einbau des Attributsatzes in den übergeordneten Satz

Der Attributsatz ist von einem Bezugswort abhängig, auf das er nach Möglichkeit unmittelbar folgt.	Den *Krimi*, den du mir geschenkt hast, habe ich in einem Zug gelesen. Aber um ehrlich zu sein, war der *Schluss*, als alles herauskam, doch etwas überraschend.

132 Attributsatzreihe

In einer Attributsatzreihe beziehen sich alle Attributsätze auf ein und dasselbe Bezugswort.	So ein *Spiel*, bei dem die Verteidigung stand, der Torwart keinen Fehler machte und der Schiedsrichter nichts übersah, sieht man nicht jeden Tag.

133 Übersicht über die Nebensätze nach Form und Aufgabe

Nebensatz → Form			Nebensatz → Aufgabe	
eingeleiteter Nebensatz:	Nebensatz ohne Einleitung:	verkürzter Nebensatz:	Gliedsatz:	Attributsatz
Konjunktionalsatz Relativsatz indirekter Fragesatz	(nach den Verben des Sagens und Denkens) Bedingung	Infinitivsatz Partizipialsatz	Subjektsatz Objektsatz Adverbialsatz Prädikativsatz	

134 **Satzgefüge**

Das Satzgefüge ist eine Verknüpfung eines Hauptsatzes mit einem oder mehreren Nebensätzen. Der Hauptsatz ist übergeordnet, die Nebensätze sind untergeordnet.	Hauptsatz: Du kannst die Prüfung leicht schaffen, Nebensatz: wenn du noch etwas übst.
Die Nebensätze stehen für ein Satzglied oder Attribut des Hauptsatzes.	Satzglied: Wir sehen uns *bald*. Gliedsatz: Wir sehen uns, *sobald es geht*. Attribut: Er erzählte einen Witz *mit Bart*. Attributsatz: Er erzählte einen Witz, *den schon jeder kannte*.
Je nach Eingliederung spricht man von Vordersatz, Binnensatz, Nachsatz.	*Ob das so stimmt*, weiß ich nicht. Die Richtung, *die er vorschlägt*, stimmt. Bist du dir sicher, *dass die Richtung stimmt*?
Auch bei Nebensätzen gibt es Abhängigkeiten.	Hauptsatz: Ich hätte es dir bestimmt gesagt, 1. Nebensatz: *wenn ich gewusst hätte,* ↓ 2. Nebensatz: *wie die richtige Lösung lautet.*

135 Indirekte Rede

Was jemand sagt, kann entweder wörtlich oder als berichtete Rede wiedergegeben werden.	Direkte Rede: „Das habe ich so nicht gesagt." Indirekte Rede: Er behauptet, dass er es so nicht gesagt habe.
Die indirekte Rede hat meistens einen kommentierenden Vordersatz.	*Ich fragte ihn*, wann er mir die CD bringen wolle.
Der Modus der indirekten Rede ist der Konjunktiv.	Sie sagte, sie *müsse* noch etwas erledigen. Er meinte, sie *hätten* sich geirrt.
Von der wörtlichen zur indirekten Rede ändern sich die Personenangaben.	„*Ich* habe *mich* nicht geirrt." Er behauptet, *er* habe *sich* nicht geirrt / dass *er sich* nicht geirrt habe.
In der indirekten Rede wird der Imperativ umschrieben.	„Komm mit!" Wir baten ihn, er *möge* / *solle* mitkommen.
Der indirekte Fragesatz hat entweder ein Fragewort oder die Konjunktion „ob".	„Wann fährst du nach Berlin?" Wir fragten ihn, *wann* er nach Berlin fahre / *ob* er nach Berlin fahre.

136 Negation

Die Verneinung eines Sachverhalts kann entweder durch die Wortbildung oder durch den Satzbau wiedergegeben werden.	Wortbildung: endlich – *un*endlich wortreich – wort*los* Satzglied: So haben wir *nicht* gewettet.
Es wird nur ein Teil des Satzes verneint.	Ich hatte davon *keine* Ahnung. Das konnte *niemand* wissen. So stimmte es *keinesfalls*. *Nicht* ich, sondern er hat gewonnen.
Es wird der ganze Satz verneint.	Hast du das gewusst? *Nein*. Er konnte leider *nicht* kommen. Ist das Gerät repariert? *Nein, noch nicht*.

Wortarten in der Verneinung:	
Satzwort	Stimmt das? *Nein.*
Grad- oder Modalpartikel (vgl. 17)	*Doch nicht! Nicht doch! Aber nein!* *Wohl nicht. So nicht! Nicht so!*
Pronomina	Ich habe *keine* Zeit. Ich kenne *niemand.*
Adverbien	Das mache ich *keinesfalls / nie / niemals.* Daran habe ich *nicht* gedacht. Sie tagten in *nicht* öffentlicher Sitzung.

3.4 Text

137

Ein Text ist ein größerer Sinnzusammenhang. Seine Bausteine sind die Sätze. Sie gliedern den Text in einzelne Verstehensschritte. Beim Sprechen wird die Gliederung durch die Tonführung angezeigt, beim geschriebenen Satz durch Satzzeichen. Die einzelnen Sätze sind aufeinander bezogen; sie stehen in einem Kontext.

Vor der libanesischen Küste rettete ein Fischer mit seinem Sohn *vier Buben.*
↓
Sie waren in eine Kunststoffkiste gestiegen, *um mit einem Hund, der in der Kiste war, zu spielen.*
↓
Dabei trieb die Kiste aufs offene Meer hinaus.
↓
Als sie *es* bemerkten, *war es für eine Rückkehr zu spät.*
↓
Aber sie hatten *Glück;*
↓
denn ein Fischkutter, der vom Fang zurückkam, entdeckte sie und nahm sie auf.

Wie der Text zeigt, können die Sätze unterschiedlich miteinander verbunden werden.	Durch ein Pronomen, das sich auf Vorausgehendes bezieht: *Sie, es* Durch ein Pronominaladverb: *Dabei* Durch eine Konjunktion: *Aber, denn*

138 Kontext

Nicht jeder Text ist aus sich selbst verständlich. Man muss auch den Kontext wissen, auf den er sich bezieht oder in dem er steht.	
„Wo hast du das gelesen?" „In der Zeitung." „Wann?" „Gestern." „Stand noch mehr drin?" „Nein." „Die dürfen wirklich froh sein, dass der Fischkutter zufällig in der Nähe war." „Und ob!"	Die Sprecher in dieser Redesituation wissen, worüber sie reden. Deshalb ist es nicht erforderlich, die einzelnen Sätze jeweils vollständig auszugestalten; sie ergänzen sich. Der Sinn ergibt sich aus dem Kontext, auf den beide Sprecher sich beziehen.

139 Parenthese

Unter Parenthese versteht man den Einschub eines selbständigen Satzes in einen anderen selbständigen Satz.	An diesem Freitag, *es war dazu noch der Dreizehnte*, lief zunächst alles schief.
Der Grund für den Einschub oder Nachtrag ist meistens, dass sich ein Sprecher plötzlich daran erinnert, er müsse noch etwas nachtragen oder ergänzen, um sich klar auszudrücken oder nicht missverstanden zu werden.	Der Vertrag (*warum habe ich das Kleingedruckte nur nicht richtig gelesen?*) hatte einige Schwachpunkte. Aber mein Kumpel Franz – *das werde ich ihm nie vergessen!* – bügelte die ganze Geschichte aus.

4 Sachregister

(Die Zahlen beziehen sich auf die jeweils am Seitenrand stehenden Nummern.)

5 Anhang

Die Fachsprache der Grammatik

Lateinische Bezeichnung	Deutsche Bezeichnung	Weitere Bezeichnungen
Abstraktum	Begriffswort	
Adjektiv	Eigenschaftswort	Beiwort
Adverb	Umstandswort	Wiewort
Adverbiale	Umstandsangabe	Umstandsbestimmung
Adverbialsatz	Gliedsatz (Umstand)	
Adversativsatz	Gliedsatz (Gegensatz)	
Akkusativ	4. Fall	Wen-Fall
Akkusativobjekt	Ergänzung im 4. Fall	Ergänzung im Wen-Fall
Aktionsart	Handlungsart	
Aktiv	Tatform	Tätigkeitsform
Akzent	Betonung	
Apposition	Beifügung	
Artikel	Geschlechtswort	Begleiter des Nomens
Attribut	Beifügung	Satzgliedteil
Attributsatz	Beifügung als Nebensatz	
Auxiliarverben	Hilfsverben	
Dativ	3. Fall	Wem-Fall
Dativobjekt	Ergänzung im 3. Fall	Ergänzung im Wem-Fall
Deklination	Beugung in den 4 Fällen	
Demonstrativpronomen	hinweisendes Fürwort	Zeigewort
direkte Rede	wörtliche Rede	
Diphthong	Doppellaut	Zwielaut
Femininum, feminin	weibliche Form, weiblich	
Finalsatz	Gliedsatz des Zwecks	
finite Verbformen	Personalformen des Verbs	
Flexion	Beugung (Oberbegriff für Deklination und Konjugation)	
Futur	Zukunft	Erwartungsstufe
Futur I	einfache Zukunft	
Futur II	vollendete Zukunft	Vorzukunft
Genitiv	2. Fall	Wes-Fall
Genitivobjekt	Ergänzung im 2. Fall	Ergänzung im Wes-Fall
Genus (des Nomens)	Geschlecht des Nomens	
Genus verbi	Handlungsart des Verbs	
Genuswechsel	Geschlechtswechsel bei Nomina (Substantiven)	

Lateinische Bezeichnung	Deutsche Bezeichnung	Weitere Bezeichnungen
Gradpartikel	Steigerungswort	
Imperativ	Befehlsform	
Imperfekt	1. Vergangenheit	Erzählzeit
Indefinitpronomen	unbestimmtes Fürwort	
Indikativ	Wirklichkeitsform	
indirekte Rede	nicht wörtliche Rede	
infinit	unbestimmt	
infinite Verbformen	unbestimmte Verbformen	
Infinitiv	Grundform (des Verbs)	Nennform
Infinitivsatz	satzwertiger Infinitiv	
Instrumentalsatz	Gliedsatz des Mittels	
Interjektion	Ausrufewort	Zwischenruf
Interrogativpronomen	fragendes Fürwort	Fragefürwort
intransitiv	ohne 4. Fall	
intransitives Verb	Verb ohne 4. Fall	
Irrealis, irreal	Unwirklichkeit, unwirklich	
Kardinalzahl	Grundzahl	
Kasus	Fall	
Kausaladverb	Umstandswort des Grundes	
Kausaladverbiale	Umstandsangabe des Grundes	
Kausalsatz	Gliedsatz der Begründung	
Komparation	Steigerung	Vergleichsformen
Komparativ	Vergleichsstufe	Steigerungsform
Konditionalsatz	Gliedsatz der Bedingung	
Konjugation	Beugung der Verben	
Konkretum	Gegenstandswort	Dingwort
Konjunktion	Bindewort	
Konjunktionalsatz	Nebensatz mit Bindewort	
Konjunktiv	Möglichkeitsform	
Konjunktiv I	Möglichkeitsform	Wahrscheinlichkeitsform
Konjunktiv II	Form der Unwahrscheinlichkeit oder Unwirklichkeit	
Konsekutivsatz	Gliedsatz der Folge	
Konsonant	Mitlaut	
Kontext	Zusammenhang	
Konzessivsatz	Gliedsatz der Einräumung	
Koordination	Gleichordnung	Nebenordnung
Lokaladverb	Umstandswort des Ortes	
Lokaladverbiale	Ortsangabe	

Lateinische Bezeichnung	Deutsche Bezeichnung	Weitere Bezeichnungen
Lokalsatz	Gliedsatz der Ortsangabe	
Maskulinum, maskulin	männliche Form, männlich	
Modaladverb	Umstandswort der Art und Weise	
Modaladverbiale	Angabe der Art und Weise	
Modalpartikel	Abtönungswort	
Modalsatz	Gliedsatz der Art und Weise	
Modalverben	Umstandsverben	
Modus	Aussageweise	
Negation	Verneinung	
Neutrum, neutral	sächliche Form, sächlich	
Nomen	Hauptwort	Nennwort, Namenwort
Nominalisierung	Umwandlung zu einem Hauptwort	
Nominativ	1. Fall	Wer-Fall
Numerale	Zahlwort	
Numerus	Zahl	
Numerus (des Nomens)	Einzahl oder Mehrzahl bei der Deklination	
Numerus (des Verbs)	Einzahl oder Mehrzahl bei der Konjugation	
Objekt	Ergänzung	
Objektsatz	Gliedsatz für eine Ergänzung	
Ordinalzahl	Ordnungszahl	
Paralleldeklination	gleiche Beugung	
Parenthese	eingeschobener Satz	
Partizip	Mittelwort	
Partizip I	Mittelwort der Gegenwart	
Partizip II	Mittelwort der Vergangenheit	
Partizipialsatz	satzwertiges Partizip	
Passiv	Leideform	
Perfekt	vollendete Gegenwart	2. Vergangenheit
Personalform	bestimmte (persönliche) Verbform	
Personalpronomen	persönliches Fürwort	
Plural (Deklination)	Mehrzahl	
Plural (Konjugation)	Mehrzahl	
Plusquamperfekt	vollendete Vergangenheit	3. Vergangenheit, Vorvergangenheit
Positiv	Grundstufe (Steigerung)	

Lateinische Bezeichnung	Deutsche Bezeichnung	Weitere Bezeichnungen
Possessivpronomen	besitzanzeigendes Fürwort	
Potentialis	Möglichkeitsform	
Prädikat	Satzaussage	
Prädikativsatz	Gliedsatz der Gleichsetzung	
Prädikativum	Satzglied der Gleichsetzung	
Präfix	Vorsilbe	
Präposition	Verhältniswort	
Präpositionalobjekt	Ergänzung mit Verhältniswort	
Präsens	Gegenwart	
Präteritum	1. Vergangenheit	Erzählzeit
Pronomen	Fürwort	
Pronominaladverb	Umstandsfürwort	
Pronominalobjekt	Ergänzung mit Fürwort	
reflexiv	rückbezüglich	
reflexives Verb	rückbezügliches Verb	
Reflexivpronomen	rückbezügliches Fürwort	
Relativpronomen	bezügliches Fürwort	
Relativsatz	Nebensatz mit bezüglichem Fürwort	
Semantik	Bedeutungslehre	
Singular (Deklination)	Einzahl	
Singular (Konjugation)	Einzahl	
Subjekt	Satzgegenstand	
Subjektsatz	Gliedsatz als Subjekt	
Subordination	Unterordnung	
Substantiv	Hauptwort	Nennwort, Namenwort
Substantivierung	Umwandlung zu einem Hauptwort	
Suffix	Nachsilbe	
Superlativ	Höchststufe (Steigerung)	
Syntax	Satzlehre	
Temporaladverb	Umstandswort der Zeit	
Temporaladverbiale	Ergänzung der Zeit	
Temporalsatz	Gliedsatz der Zeit	
Tempus	Zeitform	
transitiv	mit 4. Fall	
transitives Verb	Verb, den 4. Fall fordernd	
Valenz	Wertigkeit des Verbs	
Verb	Zeitwort	Aussagewort, Tätigkeitswort
Vokal	Selbstlaut	